作者简介

薛宝琴 博士，中国传媒大学传播研究院助理研究员，研究领域为新闻传播学、舆论学。著有《舆论引导新论》（第二著者），参著《广播电视传媒公信力研究》等。在CSSCI期刊发表多篇论文。主持研究《中外网络舆论管理机制研究：案例、模式和动向》等科研项目。

网络舆论引导机制研究

薛宝琴◎著

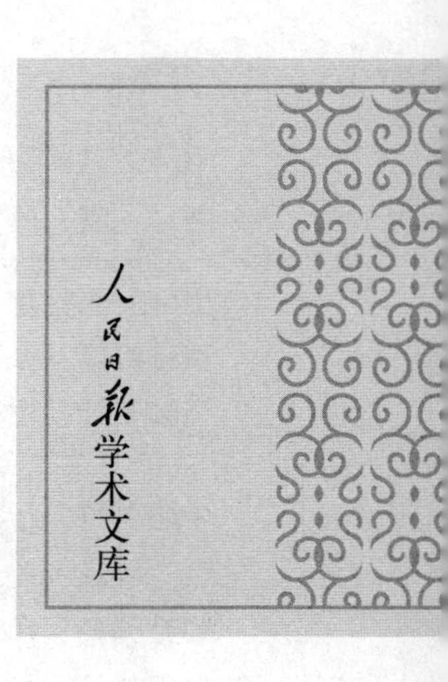

人民日报出版社

图书在版编目（CIP）数据

网络舆论引导机制研究 / 薛宝琴著. —北京：人民日报出版社，2018. 7
ISBN 978 - 7 - 5115 - 5541 - 0

Ⅰ. ①网… Ⅱ. ①薛… Ⅲ. ①互联网络—舆论—研究
Ⅳ. ①G219

中国版本图书馆 CIP 数据核字（2018）第 128517 号

书　　名：网络舆论引导机制研究
著　　者：薛宝琴

出 版 人：董　伟
责任编辑：梁雪云
装帧设计：中联学林

出版发行：人民日报出版社
社　　址：北京金台西路 2 号
邮政编码：100733
发行热线：（010）65369509　65369846　65363528　65369512
邮购热线：（010）65369530　65363527
编辑热线：（010）65369526
网　　址：www. peopledailypress. com
经　　销：新华书店
印　　刷：三河市华东印刷有限公司

开　　本：710mm × 1000mm　1/16
字　　数：137 千字
印　　张：12
印　　次：2018 年 7 月第 1 版　　2018 年 7 月第 1 次印刷

书　　号：ISBN 978 - 7 - 5115 - 5541 - 0
定　　价：68. 00 元

序　言

在中国社会转型和媒介环境变迁的时代背景下，网络媒体成为近年来社会舆论的“话题制造机”，社交媒体的繁荣，更促进了舆论事件的发酵和传播，网络舆论对社会发展产生着深刻的影响。

本书作者对网络舆论引导机制进行了系统研究，研究的逻辑起点是相关基础概念和理论，对一些目前尚无定论的核心概念进行了定义，并对近年来国内外的重大网络舆论事件进行了案例研究，通过对当前国内外相关法律法规、我国党和政府的舆论引导体系、各类媒体的引导机制、行业自律和意见领袖的相关引导机制进行研究，梳理了当前我国舆论引导机制的构成情况。

在此基础上，本书作者从法律、政府、媒体和公众等层面提出了完善网络舆论引导机制的路径。作者对世界各国相关法律法规的特点和经验进行了分析，继而对网络舆论引导法制化的核心问题进行探讨，对如何科学发挥政府在舆论引导中的主导作用，推进相关机制的完善，改进主流网络媒体引导方式和方法，提高责任意识和媒介公信力，加强媒介素养教育和公民教育，拓展公民社会参与的广度和深度等问题提出了一些建议。这些研究为提高我国网络舆论引导水平，尤其是提高当前舆论引导机制的可操作性、针对性、准确性具有参考意义。

舆论是社会的皮肤，它敏锐地感知社会症候的同时，又常常对社会的热点、焦点问题起着催化、升温，乃至扩张膨胀的作用。网络舆论引导机制牵动着舆论事件相关的诸多社会机制。从根本上说，网络舆论问题源于社会主体的利益诉求。本书作者将研究最终落脚于舆论引导机制在社会系统中的运行，提出了一些富有新意的见解，表现出一名青年大学教师从事舆论学理论研究、实践探索的热情和勇气。系统研究网络舆论引导机制，对于促进社会舆论良性传播具有本质意义，有利于在舆论形成和扩散过程中科学开展对正面舆论的推动，对负面舆论的疏导，以利于正确地引导舆论，形成清朗的网络空间。

中国传媒大学传播研究院院长　雷跃捷

2018 年 6 月于北京中国传媒大学

目　录
CONTENTS

第一章

绪　论

第一节　研究缘起

网络媒体的崛起和迅速发展，使得人们获取、生成和传播信息、新闻的成本逐渐降低。在网络传播带来的全球信息生产中，海量、多元的“表达”，成为这个时代最显著的特点之一。传播技术的发展带来了人类沟通方式、表达方式乃至行为方式的改变。理论上，所有人“有权说话”，个人化的信息、个体化的表达、个性化的观点甚至是边缘、小众和对立的声音，具有了发声的机会，并且，信息的处理和反馈速度趋于实时化。对于“重度使用”网络的青少年一代，新媒体化的言说方式、交流方式已经逐渐内化成为其生活方式和思维方式。

尚在演化中的网络媒体带来的一系列复杂问题，被舆论学、社会学、政治学、哲学等诸多学科研究和反思：

在舆论学学理方面，网络舆论与现实民意的重合程度如何？“浸润”在现代大众媒体中的人们，如何知道自己不是生活在媒介的偏见和幻象中？如何知道自己是在“有效地”说话？面对网络媒体中庞杂多元的声音，如何构建舆论引导格局和舆论引导机制？

如何克服网络媒体自身的不足，让技术“向善”也是很多研究所关注的问题。新媒体分割了传统媒体“一统天下”的权力，它给舆论的发生和传播带来了哪些改变？新媒体基于自身技术属性形成的传播优势——“集体智慧”与“个体的声音”如何大于它们的另一面——“信息垃圾”和“自由的偏见”？新媒体已经表现出对社会舆论“放大器”和“显微镜”的作用，而“媒介融合”的“搅拌机”是不是能够“生产”出更加“优质”的信息、观点和意见？网络谣言在新媒体的自我革新，如辟谣机制的作用下，能否将搅和在一起的真假、善恶、美丑、合理诉求和情绪发泄剥离和区分开来？

在对网络媒体成为理想的公共领域的期待中，又不得不重新审视，网络传播原子化、碎片化甚至混乱的特点使其在公共领域的建构中，是否比传统媒体建构公共领域更有效？抑或只是带来了群体极化的风险？信息爆炸和谣言、虚假信息的泛滥等背景下，“发声”是一回事，个体“被听到”的困难也许不亚于传统媒体时代。如果配置信息权重和“注意力”的是权力和资本，那么，互联网在结构上就只是若干个复制了的传统媒体的集合，公众舆论、“公共领域”的广泛性、代表性是否仍然有着和传统媒体一样的门槛和边界？乃至于最为根本的问题，个体的自由与群体的秩序之间是不是存在永远的悖论？

在对于这一系列问题的思考和回答中，研究真实、具体、变化着的社会事件和现实生活中的网络舆论，也便显得有益、有用、有趣。

截至2017年12月，我国网民已达7.72亿。如此庞大的使用群体，对应着复杂的意见表达主体和社会参与群体。巨大的网络舆论浪潮在公共问题和重大事件中的传播效能和社会影响，多次有力地终止了“不正当、不正义”的事件。一些研究者将网络舆论和社会良性发展、公共领域形成，甚至社会运动和变革在逻辑上进行了直接联系或默认。网络媒体这个开放的对话平台是否必然导致一个平等、公平、正义的虚拟世界，进而影响现实世界？答案是否定的。民主和自由是复杂的社会问题，虽然互联网是目前看来最为自由的公共空间，其中的信息、观点和言论的边界很多都超越了内容制定者给出的限制标准，但网络媒体互动、共享和自由平等基本价值，仅是民主、自由的必要条件和基本特征，而非充分条件和唯一因素。“技术决定论”和“数字乌托邦”的乐观论点被大量虚假新闻、垃圾信息、网民盲从、网络犯罪的事例所推翻，网络舆论并不自然、随时地具备理性、自由和批判精神，网络媒体也并不天生是“理性意见的自由市场”。如果缺乏引导，不加管理，失序的网络媒体带来的混乱和破坏力也许将会带来现实的破坏。思想的解放和言论的自由并不意味着无秩序，如何对待社会舆论历来是考验国家管理者智慧的难题，如今，这更是作为一个复杂的社会问题和世界性问题，被广泛重视。如何让网络舆论“自由但不失控”，是网络舆论引导的核心问题。

因此，网络舆论引导研究是一个复杂的系统性问题，有许多研究路径。目前，各国信息安全机构、政府部门和社会学、政治学、新闻传播界等常常在热点研究中涉及相关问题。本书的基本立场是从舆论学、新闻传播学研究的视角出发，秉持学术导向，定位网络媒体在整个经济、政治、社会、文化生活中的位置，寻找网络舆论引导的内在逻辑和规律，细化舆论引导在理论和操作层面的问题，并对中国国情下的舆论引导问题进行本土化考量下完善现有机制的路径思考，并在应用层面、策略层面之上进行理论的挖掘。

第二节 研究意义

网络舆论引导的学理研究是对传统舆论学理论体系的拓展。网络舆论的形成、传播、引导和影响与传统媒体存在巨大差别，网络舆论引导机制的研究是新时代建构舆论学理论体系的重要组成部分。同时，网络舆论引导研究涉及新闻学、传播学、政治学、社会学、情报学多学科，对应着大量跨学科和交叉研究的理论问题和实践领域，研究空间十分广阔。

在中国社会转型复杂的舆论环境中，各种言论、思想和观念相互碰撞和交融，呈现出舆论主体的分层化、内容的复杂化、诉求的多元化和表达的多样化等特征。民主、民生、发展、公平等社会公共事务中的核心词不断成为舆论热点，在网络中快速形成、传播，对整体社会舆论产生越来越重要的影响和辐射作用。如何及时、有效地进行舆论引导，反映和表达民情民意是一个迫切而又重要的问题。传播技术的发展使新媒体的媒体形态、媒体功能不断拓展，使得网络舆论在社会事务尤其是重大突发事件中具有独特作用，网络舆论及时性、互动性更强；话语表现更复杂，引导方式更多样。这些特点一方面为各级政府和媒体开展舆论引导提供了新阵地和新思路，同时也促成了公民以“网络问政”“网络民主”手段参政议政；另一方面，由于相关法律法规尚不完善、舆论引导方式方法不当等各种原因，网络谣言、言语暴力、不良信息也给舆论引导和社会稳定带来了极大的困难。网络舆论引导研究能够为新时代中国特色社会主义新闻舆论工作提供理论支持。中国特有的历史、政治、经济、文化环境，与全球化、信息化、高速发展和社会转型的背景相结合，使当前我国社会舆论环境既符合一般舆论规律，又具有国情下的独有特征。本书所研究的案例和现象都具有时代性和特殊性。网络舆论引导研究能够反映当前我国社会转型期的舆论规律，一方面对我国新闻传播学、舆论学提供了新的研究角度；另一方面为关注社会舆论现象的政治学、心理学等学科提供了学科外的研究思路。应用层面上，舆论引导机制建设有助于在网络媒体的实际运行中，为政府和新闻业界舆论引导提供决策参考。

全球传播时代，西方国家利用新媒体进一步加大新闻信息传播和文化、意识形态的渗透力度，对我国国际形象和社会舆论产生了深刻影响，传统文化和主流价值观正受到多种意识形态的侵蚀，尤其对青少年一代的价值观念存在不利影响，非理性和过激言论在网络中不断出现。面对西方发达国家的文化霸权和世界新闻传播秩序不平衡的格局，建立起良好的国际舆论环境对于高速发展的中国至关重要。在国内外宣传和报道中，必须本着有利于国家利益，树立良好国际形象的原则来进行舆论引导，提高国际舆论传播和引导能力，掌握话语权，并努力消除“中国威胁论”等负面舆论，营造有利于发展的国际舆论环境。因此，研究网络舆论引导具有战略意义。

第二章

网络舆论引导理论研究

科学技术的发展使得媒介形态得以不断丰富和演变。新的媒介形式不仅改变了人们接触和使用媒介的方式，更改变了人们的生活方式和思维方式。各类媒体及其应用与网络舆论的相关研究形成了角度各异的大量研究成果。基于网络传播的各种媒介形态和传播方式已成为新闻传播学、舆论学的热门研究对象，并受到其他人文社会科学和自然科学的关注。学术界对相关概念的使用及理解尚不尽一致。主要原因在于：一是媒体在技术层面和应用层面的变化和发展速度快、形式多，使得研究者难以及时且精准地把握；二是研究者基于不同的研究视角和侧重点，对它们的内涵、外延有着不同的理解；三是它们作为交叉性、包容性极强的概念，在不同的学科视野和理论框架以及研究目的中，概念的构成维度也有差异。

第一节　核心概念

（一）国外对舆论的定义研究

外国学者针对舆论的相关研究与中国的研究传统和路径有所不同，多见政治学和社会学领域对“民意”“公众意见”的研究。在词语使用上，“民意”和“舆论”对应的英文均为 Public Opinion。①

按照德国社会学家诺尔·诺依曼（Noelle - Neumann）的考证，卢梭（J. J. Rousseau，1712 - 1778）在 1744 年左右首次使用了“公众意见”（l’opinion publique）一词。② 他在《社会契约论》中首次将拉丁文中的“公众”和“意见”两个词联结起来，创造了一个新词“Opinion Publique”，并首次界定了舆论的含义，提出了“主权在民”的思想和舆论的重要性、不可压制性。公众通过参与公共问题来彰显舆论的作用，实现共同利益。

1922 年，李普曼的专著《公众舆论》问世，从传播学角度对舆论的概念进行了解读。“他人脑海中的图像——关于自身、关于别人、关于他们的需求、意图和人际关系的图像，就是他们的舆论。这些对人类群体或以群体名义行事的个人产生着影响的图像，就是大写的舆论”③。

---

① 由于使用习惯和翻译的不同，中国台湾的著作中将 public opinion 翻译成“民意”，大陆的研究更多使用“舆论”。

② 冯希莹：《公众舆论：理性与非理性的集合——解读卢梭与李普曼的公众舆论思想》，《中国社会学会 2010 年年会——“社会稳定与社会管理机制研究”论坛论文集》，2010 年 7 月 24 日。

③ 李普曼：《公众舆论》，上海人民出版社 2002 年版，第 23 页。

李普曼一方面强调在现实社会，公众依赖并且相信通过新闻报道可间接地了解现实的社会环境；另一方面，他认为“拟态环境”作为现实社会的图像缩影，为公众提供了相对简化的认知框架，是公众形成意见的依据，拟态环境是隔膜在我们和真实世界之间的人工世界，也是固定成见的发源。

“由于舆论的形成与演化是典型的复杂性问题，因而受到20世纪80年代兴起的复杂性研究或复杂性科学的关注。2000年，原本用于解释铁磁相变的Ising模型被波兰理论物理学者引入到舆论建模过程中，形成Sznajd舆论演化模型。在该模型中，随机选择的两个相邻节点如果有相同的意见，则所有和这两个节点相连的节点都会采取和这两个节点一样的观点。”① 作为社会物理学的一个分支，近年来，舆论动力学模型研究、舆论演化的数学模型等研究，运用物理学、统计力学的概念和方法，成为舆论学科学定量研究的代表。

（二）国内对舆论的定义研究

从1988年刘建明的《基础舆论学》问世后，《当代中国社会舆论形态》（刘建明，1989）、《当代舆论学》（刘建明，1990年）、《社会主义市场经济与新闻舆论》（康荫、雷跃捷，1994年）、《舆论学：舆论导向研究》（陈力丹，1999年）、《社会舆论原理》（刘建明，2002年）、《舆论学原理、方法与应用》（韩运荣、喻国明，2005）等著作对舆论学学科的基础理论，如对舆论的性质、演变、形态和功能，对舆论形成的模式、舆论与权力的关系及舆论制度等范畴做了系统阐释。

目前，国内学者对于“舆论”的概念界定尚存在分歧。刘建明

① 纪忠慧：《舆论动力学视野中的美国权力引擎》，《现代传播》，2009年第6期。

（1998）认为，“舆论是现实社会整体知觉和集合意识、具有权威性的多数人的共同意见”。[①] 这一概念对舆论的社会心理成因和表现进行了说明。陈力丹（1999）则认为，舆论是“公众关于现实社会以及社会中的各种现象、问题所表达的信念、态度、意见和情绪的总和”[②]，具有相对的一致性、强烈程度和持续性，对社会发展及有关事态的进程产生影响，混杂着理智和非理智的成分。韩运荣、喻国明（2005）认为，“舆论是社会或社会群体中对近期发生的、为人民普遍关心的某一争议性的社会问题的共同意见。”[③] 这一定义界定了舆论的时间范畴和对象范畴。

一、网络舆论

（一）网络舆论的概念

随着网络媒体的迅速发展及各类新兴网络媒体应用的层出不穷，网络传播所形成的网络舆论成为社会舆论的投射。有关“网络舆论”这一概念，国内学者的定义主要有：

刘建明（2002）认为，“网络舆论是指在网络空间内，围绕公共事务的发生、发展和变化，作为主体的网民对作为客体的执政者及其所持有的政治取向所产生和持有的社会政治态度，是通过互联网表达和传播的各种不同情绪、态度和意见交错的总和。”[④]

---

① 刘建明：《基础舆论学》，中国人民大学出版社 1998 年版，第 11 页。

② 陈力丹：《推敲“舆论”概念》，《采写编》，2003 年第 3 期。

③ 韩运荣、喻国明：《舆论学原理、方法与应用》，中国传媒大学出版社 2005 年版，第 4 页。

④ 刘建明：《社会舆论原理》，华夏出版社 2002 年版，第 13 页。

匡文波（2012）认为，“网络舆论是指在互联网上传播的公众对某一焦点问题所发表的有一定影响力的意见或言论，是网上民意的表达。网络舆论，实际上是网民言论的反映。”①

崔蕴芳（2012）认为，“网络舆论是网民利用网络手段公开发表的对公众事件的意见总和。”②

这三个定义都是基于舆论的内涵和特征，将其放置于网络传播的环境中进行界定而得出的，所存在的分歧主要在于网络舆论的客体。刘建明强调了客体的政治属性，而匡文波和崔蕴芳则认为网络舆论是公众对“焦点问题”“公共事件”的意见表达，并没有强调客体的属性特征。由于“网络舆论”是本书的核心概念，基于上述定义，本书从以下几方面进一步阐述“网络舆论”的内涵：

1. 网络舆论的主体

韩运荣、喻国明（2005）认为舆论的主体是“具有问题相关性，也就是舆论问题相关所及的那些社会成员”③，即社会成员的集合体——公众。因此，网络舆论的主体在狭义上可以界定为与舆论问题相关的网民。由于和一般公众相比，网民具有身份的虚拟性，因而网络舆论容易具有非理性、群体极化等特征。由于现实影响力和社会角色在网络中的投射，网络中的意见领袖所具有的社会威信、媒介角色也会对普通网民产生影响。

---

① 匡文波：《新媒体概论》，中国人民大学出版社 2012 年版，第 178 页。

② 崔蕴芳：《网络舆论形成机制研究》，中国传媒大学出版社 2012 年版，第 19 页。

③ 韩运荣、喻国明：《舆论学原理、方法与应用》，中国传媒大学出版社 2005 年版，第 4 页。

2. 网络舆论的客体

结合已有网络舆论的定义和目前网络舆论传播的现状，本书认为网络舆论的客体是一段时期内网络传播中的社会事件和现象，尤其是一些社会热点、重大突发、争议争端事件。从事件本身的类型来看，所涵盖的范围比较广阔。因此，本书不赞同网络舆论客体必然具有政治属性这一说法。

3. 网络舆论的载体

在这一方面，研究者在使用概念时，主要以研究诉求选择概念，网络舆论的所指常常并不明确。有些研究者将电脑（PC）终端和手机终端中的舆论都称为网络舆论，而有些研究者"网络舆论"概念下的研究只涉及了PC终端，大部分研究者在概念使用中并未具体区分出基于不同网络传播载体的差异。本书认为，基于互联网技术传播的所有媒介形态和应用都可以作为网络舆论的载体，但是在具体研究时应当考虑因媒介形态的差异对网络舆论的影响。

4. 网络舆论的呈现方式

在传统媒体中，舆论往往通过"自上而下"的方式呈现；与之不同的是，网络舆论往往通过"自下而上"的方式呈现，且在很大程度上影响着传统媒体的议程设置。网络舆论的内容表现主要有两种方式：一是由网络中的海量信息和新闻报道所激发的网民看法和意见的总和；二是网民就某些社会热点问题或现象通过网络这一渠道进行讨论，所形成的较有规模的言论和情绪的总和。

5. 网络舆论的功能和效应

彭鹏（2005）总结网络舆论具有反映民情民意的"公共空间"和

促进政府决策透明化、公开化的“推进器”两项正功能，以及“情绪型潜舆论弥漫”“假新闻误导舆论走向”和“网络话语权的垄断”三项负功能。① 王天意（2006）认为，网络舆论“有信息功能、导向功能、沟通功能和监督功能这四大功能，正反两方面的社会效应。正面的社会效应包括，网络舆论是民意的‘晴雨表’、公众的‘助听器’、社会的‘黏合剂’、监督的‘千里眼’以及道德的‘风向标’；负面的社会效应则体现在，假信息与谣言的‘扩音机’、消解社会凝聚力的‘分离器’、不满情绪的‘导火索’以及少数利益集团的‘宣言书’等”。②

总体而言，网络舆论具有反映民情、民意，促进公众参与社会，行使监督权力的正面功能；而其负面功能则主要是基于网络传播产生的谣言、虚假信息和过激言论等。

综上所述，本书认为，网络舆论是网民在网络传播中形成的对社会事务、社会现象的言论、情绪、意见的总和。网络舆论对社会和公众具有明显的正面和负面功能，使得在新媒介环境下开展网络舆论引导十分重要。

二、舆论引导

在舆论引导的相关研究中，研究者从不同的出发点，采用了舆论的“引导”“导向”“调控”“管理”“规制”“治理”等表述，来研究党和国家或媒体、机构、个人对于社会舆论的引领、疏导、干预等问题。

---

① 彭鹏：《网络舆论的功能及调控策略》，《南京政治学院学报》，2005 年第 3 期。

② 王天意：《网络舆论的功能及社会效应》，《海南广播电视大学学报》，2006 年第 3 期，第 72—74 页。

（一）舆论引导的概念

舆论引导是中国特有的概念。回顾我国新闻宣传和舆论引导的历史，党和国家历来重视舆论在社会管理中的地位和作用，将其作为关乎党和国家稳定大局的工作来对待。

1948 年，刘少奇在对华北记者团的谈话中说："报纸办得好，就能引导人民向好的方面走，引导人民前进，引导人民团结，引导人民走向真理。如果办得不好，就存在着很大的危险性，会散布落后的错误的东西，而且会导致人民分裂，导致他们互相摩擦。"① 1981 年，中共中央对新闻单位确定的宣传方针是："对于干部和群众中的思想问题，要坚持实行疏导的方针。坚持摆事实，讲道理，以理服人，不能简单粗暴、堵塞压制。但是如果某种思潮已经形成一种敌对性的有组织的破坏力量，就必须依法加以'堵塞压制'。"② 1983 年，邓小平在批评思想文艺战线的精神污染问题时表示，精神污染的危害很大，足以祸国误民，它在人民中间混淆是非界限，助长一部分人当中怀疑以致否定社会主义和党的领导的思潮。③ 这些表述虽然没有明确提及"舆论引导"，但其内涵是对新闻舆论负面效应的防范，并基于此强调舆论引导的重要性和方式等问题。

进入新时期后，国家领导人开始以"舆论导向""舆论引导"的表述方式，强调舆论引导关乎党和国家的祸福存亡。1996 年 9 月 26 日，江泽民在人民日报社视察时提出，"舆论导向正确，是党和人民之福；

① 刘少奇：《对华北记者团的谈话》，转引自《新闻战线》，1998 年第 12 期。

② 《中共中央关于当前报刊新闻广播宣传方针的决定》，1981 年 1 月 29 日。

③ 邓小平：《党在组织战线和思想战线上的迫切任务》的讲话。

舆论导向错误，是党和人民之祸。"① 这一讲话被概括为"祸福论"，首次明确"舆论导向"的提法。2008 年 6 月 20 日，胡锦涛在人民日报社考察时的讲话中提出"舆论引导正确，利党利国利民；舆论引导错误，误党误国误民""把坚持正确的舆论导向放在新闻宣传工作的首位""必须坚持党性原则，牢牢把握正确舆论导向"。② 进一步强调了舆论引导的巨大社会意义。习近平总书记高度重视网络舆论引导工作，他要求"坚持正确的舆论导向，高度重视传播手段建设和创新，提高新闻舆论传播力、引导力、影响力、公信力。加强互联网内容建设建立网络综合治理体系，营造清朗的网络空间。"③ 这一论述是健全和完善网络舆论引导机制的总要求和总思路，为解决媒体融合背景下网络舆论引导难点问题，增强网络舆论引导实效性，做好新时代网络舆论工作提供了强大理论指引和科学行动指南。

"舆论引导是指社会主导者，包括政府、政党以及各种社会组织对舆论的引导。具体说来，就是指社会主导者通过传播特定的评价信息影响社会公众对公共事务的关注与评价，使社会舆论朝着符合社会规范和道德准则的方向发展。"④ 从广义上说，舆论引导的主体包括党和政府及其各机构和部门、各类企业、社会组织和以意见领袖为代表的个人。

对于中国共产党而言，坚持正确的舆论导向是舆论引导的方向和指导思想，是中国共产党新闻宣传和思想政治领域的一项重要工作。马克

---

① 《江泽民文选》第 1 卷，人民出版社 2006 年版，第 564 页。

② 胡锦涛：《在人民日报社考察工作时的讲话》，《人民日报》，2008 年 6 月 21 日第 4 版。

③ 习近平：《决胜全面建成小康社会夺取新时代中国特色社会主义伟大胜利——在中国共产党第十九次全国代表大会上的报告》，人民出版社 2017 年版，第 42 页。

④ 程世寿：《公共舆论学》，华中科技大学出版社 2003 年版，第 316 页。

思认为，“报刊最适当的使命就是向公众介绍当前形势、研究变革的条件、讨论改良的方法，形成舆论、给共同意志指出一个正确的方向”。① 在我国，各级媒体是联系党和人民的舆论工具。因而，舆论引导的基本方针是新闻媒体在新闻报道中以党的基本路线和方针政策为指导，坚持新闻报道的党性原则，为党和人民的根本利益服务。

从媒介的功能来看，媒介具有反映舆论、表达舆论、组织舆论、引导舆论的功能。其中，舆论的引导最为鲜明地反映出媒介的立场。“新闻媒介引导舆论具体表现为报道、分析当前形势，研究改造社会、解决社会问题的各种途径，在公众中形成和新闻媒介立场相同的强大舆论，把公众的意志统一起来。”②

由于新闻事业市场性和社会性的双重属性，在我国，舆论引导的主体也具有双重性。就信息内容的传播过程来说，媒体和新闻从业人员是舆论引导的直接主体，通过新闻策划、选题、传播内容的倾向性等议程设置，对受众产生影响。不过，由于受经济利益的驱动，媒体及其从业人员有时会产生错误的舆论导向，甚至出现违法行为。从根本上说，我国新闻传播事业舆论引导的主体是党和政府，党和政府通过对市场化运作下的传媒业进行法律法规、道德规范、行政管理等多种手段设立舆论导向，引导其首要地实现社会效益，保证社会舆论的健康良性发展。此外，社会力量和非官方的“意见领袖”也是舆论引导的主体，在网络舆论传播中，这类主体的作用逐渐明显。

---

① 雷跃捷：《新闻理论》，中国传媒大学出版社 1997 年版，第 243 页。

② 雷跃捷：《新闻理论》，中国传媒大学出版社 1997 年版，第 243 页。

三、网络舆论事件

（一）研究概况

我国对网络舆论事件的引导总体经历了从“管控”思维和“封堵”手段向量化分析和合理引导转变的过程。目前，舆论生成、舆论演进、舆论调控和管理等方面的研究成果科学性、思辨性逐渐上升。

廖卫民、柯伟（2010）在《网络舆论波研究——基于波浪力学及杭州两起舆论事件的理论思考》一文中提出了网络“舆论波”的理论分析框架；魏丽萍（2010）在《网络舆情形成机制的进化博弈论启示》中，用经济学的进化博弈论来解释网络舆情的生成机制；钟瑛、余秀才（2010）在《1998—2009 重大网络舆论事件及其传播特征探析》一文中，通过对重大网络舆论事件的分析提出网络舆论事件扩散的葫芦状模型；田大宪、贾举（2010）在《网络集群行为的生成机理与调控方略》一文中提出网络集群行为“多维的变量系统”特质及其调控对策；邹建华（2009）的《突发事件舆论引导策略：政府媒体危机公关案例回放与点评》，则对突发事件中政府公关和舆论引导策略进行了案例分析。随着对西方哲学、社会学、传播学理论的深入研究，关于网络舆论与公共领域和公民社会的研究也逐渐细化和本土化，如《论网络舆论传播中的公民协商和公民行动》（刘九洲、许玲，2010）通过对公民协商、公共领域理论的反思，重新思考了网络舆论传播的特性。

网络中的舆论事件所带来的巨大社会影响，使相关研究在近年来呈现“井喷”趋势。从已有成果的概念使用来看，在人文社科、新闻传播、公安管理、公共关系等各类期刊中，普遍使用的关键词包括：网络群体性事件、网络突发/公共事件、网络舆情事件，等等。出于研究角度的不同，研究者采取了不同的分类和定义标准。关于网民和公众参与线下行动，诉诸社会行动推动事件的解决，多采用“网络群体性事件”；侧重于研究重大突发事件的网络舆论效应和影响时，则多采用“突发事件”。

（二）网络舆论事件的概念

上文论及诸概念虽在研究时采取了不同的视角以偏向于研究重点，但其所针对的对象，多是涉及较大范围公众利益的公共事件，反映出一定的社会问题和社会矛盾，形成的公众舆论常表现出“放大镜”、非理性、社群性、爆发性等特点。

由于本书主要针对网络传播造成的舆论现象和引发的虚拟和现实事件，研究网络舆论的引导机制，故主要采用“网络舆论事件”这一概念。本书认为，网络舆论事件是网民针对共同关心的问题在网络中大规模地传播信息、发表意见形成的舆论事件，包括“线上”的网络原生“虚拟”事件和“线下”由社会现实事件（突发公共事件、群体性事件等）触发，经网络传播形成广泛影响的事件。① 当前，线上线下事件相互触发，两者虚实结合、边界模糊的趋势日渐明显。网络舆论事件往往具有极高的点击率和转发量，能在很短的时间内成为网络舆情监测捕捉的热点甚至全社会舆论的焦点。

① 从消息源来看，前者是网络原生的舆论事件，后者则既可能由网络首先“爆料”，随后引起其他媒体继而全社会关注；也可能由其他媒体率先报道，通过网络传播、网民广泛参与导致舆论扩大化。

（三）网络舆论事件的特征

从网络事件与社会的互动关系来看，科学技术的发展改变了媒体形态，继而变革着传播的形态和权力关系，公众在接受媒介内容的同时反向参与和表达，产生新的传播意义和价值，并参与社会动员和行为组织活动，对社会产生影响；同时，一定时期和地域范围的经济、政治、文化等因素会造成特有的传媒生态，网络媒体既是时代发展和社会进步的诱因，也是其结果，它的传播特征和演化规律，都紧密地与外部环境相互作用。网络舆论事件的高发态势和与现实事件间的相互转化，表明了它们并非孤立、偶然的事件，而有着深厚的社会背景和内在共性。因此，本书对网络舆论事件的研究立场，一是密切联系事件所处的大环境，探讨对网络传播中的舆论进行引导机制建设的相关问题；二是对于相关事件的社会效应不做过度引申，对类似事件不做乐观或者悲观的预设，从数据、案例出发进行分析、论证和总结。

具体而言，网络舆论事件具有下列特征：

首先，网络舆论事件具有显著性和参与性。网络舆论事件进入公众视野后往往引发大范围意见表达。网民在网络中的“隐身”容易引起积极、激烈的发言。这些言论经过各种途径被放大为更强大的声音——“民意”。“民意”的舆论“身份”更易于鼓励网民和其他公众的参与。

第二，网络舆论事件带动全媒体“舆论合力”。媒介融合在舆论学中的意义，是各类媒体在舆论生成、传播等层面，也相应地呈现出“融合”的态势。上文论及的线上和线下两类事件的相互转化，伴随着传统媒体和网络媒体的合力生成巨大的舆论合力。

第三，网络舆论事件可能产生双向的社会效应。网络传播信息加工次数的减少，可能产生推动事件解决或加速事件恶化的双向可能。网络舆论事件在发展中常常表现出分化、变异、情绪性等特征，在特定诱因下，还常常出现矛盾激化、群体极化等负面影响。

最后，网络舆论事件表现出跨国传播趋势。伴随着互联网在全球传播中的地位的强化，一些事件造成地区甚至国际范围的影响。

（四）相关概念

1. 群体性事件、社会运动、集体行动

在对中外网络群体性事件的比较研究中，有学者指出，“群体性事件”与“网络群体性事件”的称谓，是基于我国媒介生态和社会历史的独特语境而形成的独有概念，国外研究中并没有完全对应的词汇。从研究对象和研究范畴来看，国外对相当于“群体性事件”的社会活动的研究，从20世纪70年代就已逐渐展开。国外在研究类似“群体性事件”的对象时经常使用的概念有：集体行动/集群行为（collective action）、社会动乱（social unrest）、社会运动（social movement）、大众抗议（popular protest）、大众抵抗（popular resistance）、大众抗争（popular contention）、不满/争议政治（contentious politics）……由于国内外文化、历史与社会等背景的差异，西方对网络的使用状况以及个人表达的媒介偏好都与中国有很大的不同，西方社会中并未借由网络的飞速发展而出现集体行动的快速增长，关于网络背景下集体行动的研究也未出现中国式的骤然增加。因此，网络环境下的群体性事件并不是西方研究的热点问题。①

① 董天策、王君玲：《网络群体性事件研究的进路、议题与视角》，《现代传播》，2011年第8期。

有学者指出，群体性事件在我国的语境中，“既不是诉求明确、组织化程度高、持续时间长的‘社会运动’，也不是带有鲜明政治诉求，有党派势力从中作祟的‘革命’前夜，而是一种‘自下而上’的体制外行为，可以从群体性事件的诉求、组织化程度、持续时间和对制度的扰乱程度等四个维度进行定义，将其排列成‘集体行为’‘集体行动’‘社会运动’和‘革命’谱系”。① 从目前来看，我国的群体性事件主要还是困难群体抗议、维权和利益诉求表达的集体行为或行动。因此，网络群体性事件的本质是网民群体围绕某一主题，基于不同目的，以网络聚集的方式制造社会舆论，促发社会行动的传播过程。它可能是有序、健康的，也可能是无序、不健康甚至是非法的。②

对于相关问题的研究，中西方的研究热度和进路有所不同，但近年来，网络舆论事件引发的线上和线下“集群现象”作为一个社会危机的重要表现在世界范围内普遍存在。

2. 突发事件

根据我国2007年11月1日起施行的《中华人民共和国突发事件应对法》的规定，突发事件，是指突然发生，造成或者可能造成严重社会危害，需要采取应急处置措施予以应对的自然灾害、事故灾难、公共卫生事件和社会安全事件。③

总之，群体性事件、突发事件与网络舆论事件这三个概念定义的视

---

① 覃爱玲：《散步是为了避免暴力——中国社会科学院社会学所研究员单光鼐专访》，《南方周末》，2009年1月14日。

② 杜骏飞：《网络群体事件的类型辨析》，《国际新闻界》，2009年第7期。

③ 《中华人民共和国突发事件应对法》，新华网，http：//news. xinhuanet. com/legal/2007－08/30。

角不同，但在具体的事件中，“群体性”“突发性”“舆论压力”这三个特点经常同时呈现出来。

第二节 网络舆论引导的相关理论框架

目前，对网络舆论生成和传播的研究，多采用心理学、社会学的研究框架；网络舆情监测的研究，多辅以计算机、物理学的研究方法；对于网络舆论引导和管理研究，则多以政治学、新闻传播学的视角切入。从建立健全网络舆论引导机制的逻辑起点来看，引导应该遵循生成和传播的规律，在正确的导向下，以科学的方法进行。但目前，这几类研究常常存在隔阂和断裂的情况，因而，此节对和本书相关度较高的几个舆论生成、传播与社会效应的理论进行评析，探讨其在网络舆论传播和引导中的适用性。

一、议程设置

议程设置理论假说由美国传播学者麦库姆斯和肖于 1972 年在《舆论季刊》上发表的《大众传播的议程设置功能》一文提出。通过对 1968 年美国总统选举期间媒体报道对选民影响所做的一项调查的总结，他们认为，媒介不能决定人们对某一事件或意见的具体看法，但可以通过安排相关的议题来有效地左右人们关注哪些事实和意见。大众传播可能无法影响人们怎么想，却可以影响人们想什么。因此，议程设置是大众媒介影响社会的重要方式。

这个假说提出后，引起了传播学界的广泛注目，许多学者纷纷对它进行探讨和验证。较为体系的研究有美国学者 D. H. 韦伯 1976 年的调查、日本学者竹下俊郎 1982、1986 年进行的调查等。学者们认为，公众的“议题”在本质上是受到传媒“议题”的影响的，但公众的“议题”也可以分为不同类型，如“个人议题”“谈话议题”“公共议题”等，它们在传播过程中有融合为一体的可能性。大众媒介通过“认知模式”“显著性模式”“优先顺序模式”三种机制来设置议程。我国的郭庆光将议程的重要性和先后排序更为形象的总结为“议事日程”。①

“议程设置”理论在逻辑上印证了媒介可以对公众进行舆论引导，大众传媒在人们对社会环境的认知过程中存在着有力的影响。这一理论是媒介的强效果理论，不过，它的提出植根于传统媒体的调查，而不同的媒体在议程设置方式和影响力方面必然存在差异。议程设置对于受众而言，主要影响其对事件的认知，而要形成受众在态度和行为方式上的变化，需要长期的设置过程，且受到多种因素的制约。在网络传播中，媒介议程的形成过程、传播效果和媒介的公信力问题都更为复杂，媒体“设置”或形成社会议题的功能在一定程度上被消解。

二、公共领域

德国哲学家、社会学家哈贝马斯建立起的复杂理论体系在哲学、社会学、政治学等领域长期以来备受重视。20 世纪 90 年代，面对社会发展中出现的新问题和对“公”“私”领域的重新认识，哈贝马斯的公共领域理论在中国学术界开始流行。当前，面对复杂的改革局势和转型期

---

① 郭庆光：《传播学教程》，中国人民大学出版社 1999 年版，第 218 页。

的社会矛盾，有些知识分子将“公共领域”视为解决权利冲突、贫富差距加大问题的对话场域。迄今为止，这一理论被新媒体研究者大量引用并作为研究的逻辑起点。这一方面说明了哈贝马斯理论的解释力，另一方面，新媒体逐渐被认为是公共领域建设的平台，充分说明了媒体形态变革与社会民主、发展、公平间的关联。

哈贝马斯所指的公共领域（public sphere），“意指我们的社会生活的一个领域，在这个领域中，像公共意见这样的事物能够形成。公共领域原则上向所有公民开放。公共领域的一部分由各种对话构成，在这些对话中，作为私人的人们来到一起，形成了公众。那时，他们既不是作为商业或专业人士来处理私人行为，也不是作为合法团体接受国家官僚机构的法律规章的规约。当他们在非强制的情况下处理普遍利益问题时，公民们作为一个群体来行动；因此，这种行动具有普遍的保障，即他们可以自由地集合和组合，可以自由地表达和公开他们的意见。当这个公众达到较大规模时，这种交往需要一定的传播和影响手段；今天，报纸和期刊、广播和电视就是这种公共领域的媒介。”①

针对学界对公共领域理论的研究和批评意见，哈贝马斯多次对其理论进行修正。在《公共领域的结构转型》中，哈贝马斯提出，可以在一个国家和社会之间的公共空间自由言论，这是“政治权力之外，作为民主政治基本条件的公民自由讨论公共事务、参与政治的活动空间”。② 在资本主义社会，大众传媒承担了公共领域的功能，公众使用

① 哈贝马斯：《公共领域》，汪晖等主编：《文化与公共性》，生活·读书·新知三联书店 1998 年版，第 125 页。

② 哈贝马斯：《公共领域的结构转型》，曹卫东等译，学林出版社 1999 年版，第 109－110 页。

传媒获知、表达、议论时政。公共领域鼓励并且需要开放、自由、理性的对话，然而，受到政治和经济的双重制约，公共领域日渐式微，公民无法有效地进行社会参与。

哈贝马斯在后期对公共领域理论又做了补充。他提出，公共领域应当“不仅觉察和辨认出问题，而且令人信服地、富有影响地使问题成为讨论议题，提供解决问题的建议，并且造成一定的声势，使得议会组织接过这些问题并加以处理”。① 同时，“公共领域最好被描述为一个关于内容、观点、也就是意见的交往网络；在那里，交往之流被以一种特定方式加以过滤和综合，从而成为根据特定议题集束而成的公共意见或舆论”。② 因此，大众传媒公共领域的实现应该具有形成公众舆论，对社会问题的“预警”和对公共权力监督功能。

随着对这一理论研究的深入，中国学者开始反思建构在西方社会政治经济文化下的理论模型和理想状态在中国的本土化和有效性问题。一些研究者对于新媒体构建公共领域持乐观态度，也有学者研究中使用“公共话语空间”“对话平台”等较为中性的表达。公共领域理论对于新媒体在社会进步中应该发挥的作用提出了重要的启示。本书认为，公共领域理论与新媒体无论在理论上还是实践中都难以直接“对接”。网络媒体虽然具备公共理论的开放、自由、平等精神，是公众舆论的重要场域，但出于内部的匿名性和外部的制约性等因素，理性对话和批判精神的实现存在很大障碍。哈贝马斯的公共领域概念以下条件为基础：首

---

① 哈贝马斯：《在事实与规范之间：关于法律和民主法治国的商谈理论》，生活·读书·新知三联书店2003年版，第445页。

② 哈贝马斯：《在事实与规范之间：关于法律和民主法治国的商谈理论》，生活·读书·新知三联书店2003年版，第446页。

先，公共领域需要一个论坛，它对尽可能多的人开放，供人们表达和交流；其次，在公共领域中各种观点和意见可以通过理性的方式争辩；第三，系统检验政府的政策是公共领域的首要任务。[①] 网络媒体与诸多其他社会要素具有复杂的关系，网络传播的社会效能有限，但国内外对网络舆论的社会效能都给予了热烈关注，很多研究者认为网络媒体将通过营造公共领域促进民主进程。虽然技术的局限性、网民的媒介素养、资本的影响都可能阻碍公共领域的形成从而削弱民主，但从发展趋势看，网络舆论为促进公共决策的进程、反馈以及决策的修正提供了民意基础，同时，公共领域理论也为网络舆论引导的公开、民主、参与、批判等品质提供了思想资源。

三、"沉默的螺旋"

1965 年，德国学者伊丽莎白·诺埃勒 - 诺依曼（E. Noelle - Neumann）在总统大选中的第一次舆论调查中预测，SPD（红色阵营）将会获胜，这一论断在最后关头导致了投票结果的变化。20 世纪 70 年代诺依曼提出了一种描述舆论形成的理论假设——"沉默的螺旋"，认为人们在表达自己想法和观点的时候，如果看到自己赞同的观点，并且受到广泛欢迎，就会积极参与进来，这类观点越发大胆地发表和扩散；而发觉某一观点无人或很少有人理会（有时会有群起而攻之的遭遇），即使自己赞同它，也会保持沉默。意见一方的沉默造成另一方意见的增势，如此循环往复，便形成一方的声音越来越强大，另一方越来越沉默

① Verstraen Hans，The Media and the Transformation of the Public Sphere，European Journal of Communication，Vol. II.

下去的"螺旋"式发展过程。

1982年，泰勒提出诺依曼的核心概念"多数意见"应该被替换为"被知晓的大多数意见"，并修正了这一理论。他认为后者在个体意见的表达和普遍意见的形成中更为重要。

1997年，格林和帕克在加拿大的六个地区检验了这一理论的假设，对舆论的临界值、社群和对他人意见的权衡进行了量化研究，结果表明，个体感知到他的意见越被人赞同，他就越有可能表达其观点；对被孤立的恐惧越低，人们越有可能表达看法；某一观点的强度越大，人们就越有可能赞同这一观点；可感知到的支配感、意见强度，以及对孤立的恐惧会相互作用，影响人们的表达行为；而当人们身处个人小圈子时，会比在一般的群体中更容易受到意见的强度，对孤立的恐惧和对主流意见的感知这三点的影响。①

不过，对于理论前提的合法性，麦奎尔等指出了沉默的螺旋理论奏效的条件，一是个人不能相互交流私人意见时，这个理论才能成立；二是媒介意见和受众的观点具有特定的一致并产生过预期的意识积累，持不同意见的人才能出现"沉默的螺旋"。卡罗尔·格林等还提出该理论存在两点不足：第一，诺依曼并未从经验上证明她的前提假设，即害怕孤立会促使人们发言；第二，诺依曼并未意识到人们所在的社群和参照群体对其意见的影响，认为她太强调媒体的作用。另外，他们也不确定这个理论是否具有一定的文化限制从而不适用于美国。②

---

① Carroll J. Glynn& Eunkyung Park：REFERENCE GROUPS，OPINION INTENSITY，AND PUBLIC OPINION EXPRESSION，International Journal of Public Opinion Research，Vol. 9 No. 3，World Association for Public Opinion Research 1997，pp. 229－230.

② 转引自杜骏飞：《无法沉默的螺旋》，《新闻记者》，2010年第5期。

在论证这一理论的过程中，虽然提出者和修正者多次用科学方法加以验证，但总体来看，它仍是个描述性极强的理论，在实际舆论传播中，不管针对传统媒体还是新媒体，被证实的难度都较大。

沉默的螺旋所揭示出的“意见气候”（Opinion Climate）的影响，以及非理性舆论气候的压力对个体趋同的影响，逻辑上证明了舆论引导的必要性和重要性。网络传播的案例表明，“沉默螺旋”形成的原因更复杂了，但这种效应依然存在。目前，大量研究也仍然沿用“沉默的螺旋”理论作为研究框架，证明活跃网民和意见领袖的言行仍然可能造成的沉默螺旋效应，并对经典理论提出了修正和补充意见。

网络舆论事件中，不同类型的话题可能产生不同的舆论效应，典型的是非、善恶问题容易形成单一的螺旋，但争议性、多向性的问题则可能产生多个舆论中心和螺旋。还有研究者提出网络传播表现出“反沉默螺旋模式”现象，认为“沉默螺旋”理论在网络传播中有局限性，应分析网络传播的理性和非理性的两种途径。① 事实上，在新媒介环境中，人们的意见表达和“发声”方式与传统媒介环境中截然不同，S. Moscovic 等人在研究群体合意的形成中发现，持少数意见的“中坚分子”（the hard core）如果具有坚定、持续、强烈的观点，能够和多数派一样发挥重要影响，舆论的社会影响受到具体的因素和多种机制的影响。②“少数意见”的研究发现，某些边缘化、非主流、碎片化的信息

① 王国华、戴雨露（《网络传播中的“反沉默螺旋”现象研究》，《北京理工大学学报》（社会科学版），2010 年第 6 期。

② S. Moscovici& E. Lage& M. Naffrechoux, Influence of a Consistent Minority on the Responses of a Majority in a Color Perception Task, Sociometry, Vol. 32, No. 4 (Dec. 1969), pp. 365 – 380.

和言论有时也会引发巨大的舆论支持，网络媒体的匿名、交互等特性恰恰给予少数派们更多的发声机会。

四、“舆论场”

社会心理学家库尔特·勒温（Kurt Lewin）认为，人的任何一种行为都是“场”的产物①。在我国的研究中，项德生出于研究舆论综合特征、定量研究和将舆论和信息相结合的研究便利，引入了舆论场的概念——“舆论场是特定的舆论主客体相互作用而形成的具有一定强度和能量的时空范围”②，他从自然科学的分类方式，把舆论场分为可变场与稳衡场、子场与合场、原生场与附加场等。③ 刘建明在《社会舆论原理》中提出了产生意见的“场”概念，“场的刺激、烘托、容纳、怂恿使带有爆破力的意见迅速传播。”④ 他认为舆论场是“包括若干相互刺激的因素，使许多人形成共同意见的时空环境。”⑤

已有研究者在与传统舆论场进行比较的基础上，继而提出了“网络舆论场”的表述，认为新媒体作为具有虚拟性、互动性的场域，对网民的心理和行为具有重要的影响。网络环境与网民的交互作用构成了网民的生活空间，构成了“网络舆论场”，决定着网民的行为⑥。从它

---

① 刘京林：《大众传播心理》，中国传媒大学出版社 2005 年版，第 136 页。

② 项德生：《试论舆论场与信息场》，《郑州大学学报》（哲学社会科学版），1992 年第 5 期。

③ 项德生：《试论舆论场与信息场》，《郑州大学学报》（哲学社会科学版），1992 年第 5 期。

④ 刘建明：《社会舆论原理》，华夏出版社 2002 年版，第 36 页。

⑤ 刘建明、纪忠慧、王莉丽：《舆论学概论》，中国传媒大学出版社 2009 年版，第 27 页。

⑥ 王大明：《网络舆论的场论分析》，《青年记者》，2010 年第 5 期。

的形成和作用来看，网络舆论场是社会场、新媒体场与心理场的交融，网络舆论就形成于一个诸多共生效应的场域环境里。①

通过对核心概念和基础理论的梳理与归纳可以发现，针对网络舆论引导的相关问题，目前国内外的研究对具体事件和现象及其功能往往比较重视，但基础研究的深度仍然不足；同时，网络舆论相关问题作为一个社会的有机组成，具有庞大而复杂的背景，兼顾其他社会子系统的跨学科研究仍然具有相当的难度，成果也较少。

总体上，舆论学研究从一开始就深深植根于社会学和政治学的土壤，从网络舆论研究的现状和发展趋势来看，基于网络媒体的内在属性和舆论在其中的表现样态与传播规律，结合特定的社会背景和文化环境进行跨学科的研究渐成趋势。本书对网络舆论引导机制的研究作为一个中国语境下的研究，也遵循着这一思路展开。

第三节　网络舆论引导的学理探析

一、网络舆论引导的必要性

网络舆论传播的内在属性和在社会现实中表现出的负面效应，决定了网络舆论引导的必要性。社会舆论在转型期表现出的非理性、盲目性和滞后性等特征与社会发展之间的矛盾，是进行舆论引导的内在要求。

① 余秀才：《网络舆论场的构成及其研究方法探析——试述西方学者的场论对中国网络舆论场研究带来的启示》，《现代传播》，2010年第5期。

从中国网络传播的现状来看，我国的网民人数、网站域名注册量、宽带用户量和移动手机用户数量及其社会影响，对互联网产业、社会发展和文化繁荣产生了巨大影响。网络作为信息和新闻传播的载体，庞大而又纷繁复杂的舆论流反映着无数社群的言论、观点和利益。网络舆论对公众思维方式、认知方式、甚至行为方式和生活方式产生强大的渗透力和深刻影响。自由表达是网络实现社会功能重要前提，然而，由于舆论主体的局限性、舆论生成传播的非理性、全球传播中的文化霸权和意识形态渗透等，以及网络人肉搜索等对合法权利的侵害、网络犯罪对精神文明建设的破坏，以及网络群体性事件和谣言等，都会造成误导社会舆论甚至危及国家安全的情况。

首先，网络传播的开放、匿名、即时等基本属性，造成网络舆论的分散、多元、随意、复杂及其迅速传播、广泛聚合的强大能力，使公众舆论产生积极的社会推动力，但其无法对任何社会事务都做出理性科学的“合议”，网络舆论也存在着不能完全代表民意、反映公共利益，甚至可能被经济或政治利益所操纵的危险。

第二，网络舆论滋生出负面、淫秽、倒退、拜金、偏激等类型的声音和渲染情绪、商业炒作、骚乱组织等行为，这些弊端在不同政治体制和文化背景的国家普遍存在，若对其不加干预，会对社会风气、青少年价值观的形成产生不利影响，甚至爆发盲目的社会运动和失序的社会危机。

第三，一些西方国家利用网络舆论推行文化霸权战略，强推“西方式民主”的价值观，在“阿拉伯之春”事件中，网络媒体表现出的“煽风点火”和“价值终端”作用对国家安全的影响，更使网络舆论上升到与社会稳定和发展相关联的高度，反映出战略意义上加以理性引导和管理的必要性。

二、网络舆论引导的合法性

合法性（legitimacy）在社会学、政治学中被广泛使用，广义上用于讨论社会的秩序、规范（马克斯·韦伯，1998）或规范系统（哈贝马斯，1989）；狭义上用于理解国家的统治类型（马克斯·韦伯，1987）或政治秩序（哈贝马斯，1989）。前者涉及广泛的社会领域并潜含着广泛的社会适用性的含义。合法性的基本学术含义包括：（1）根据法律的，符合法律的；（2）与既定的规章、原则、标准相一致的；（3）符合推理规则的，有逻辑的，并因而有效力的；（4）正当的。概括地说，“合法性”表明某一事物具有被承认、被认可、被接受的基础，至于具体的基础是什么（如某条法律、规则、标准或逻辑），则要看实际情境而定，如在不同国家的宗教、道德、风俗、习惯等，都可以构成合法性的原则。合法性不是一个不被（司法部门）追究的问题，而是要被（社会）承认的问题。①

本书对合法性问题的论证，本质上是对舆论引导及其所在的政治制度、政治权威能否得到公民信任和承认的探讨。社会的进化与发展需要不断探索和调整产生于个体和群体间共存需要的机制，机制的建立健全即是这样的过程。“中国三十年成功的发展得益于中国政治长期有效作用于中国的经济与社会发展。创造政治的有效性是中国三十年政治发展的基本战略，其核心是在保证政治对经济和社会发展有效作用的前提

① 高丙中：《社会团体的合法性问题》，《中国社会科学》，2000 年第 2 期。

下，顺势而动，积极推进政治建设和发展，推进民主化进程。”① 从前文对中国进行网络舆论引导现实层面的必要性出发，下面从四个方面论证其合法性。

1. 宪法和相关法律法规为我国网络舆论引导提供了法律依据

对网络舆论引导的合法性的最大质疑，在于法律层面上，对“自在”的网络舆论进行干预是否会对宪法所保障的公民言论自由权利带来侵害。

《中华人民共和国宪法》第三十五条规定，“公民有言论、出版、集会、结社、游行、示威的自由。”在网络提供的“意见自由市场”中，传者和受众“合一”的舆论主体能够更为自由地行使选择信息、发表意见的权利，带来新信息和新观点的大量产生，有利于社会各方面通过网络舆论反映的愿望、意见和要求，为加快我国民主进程、保障公民言论自由权利提供了较为直接和便捷的平台。

“每一个人的自由发展是一切人的自由发展的条件”②，然而，由于信息资源和基础设施建设分布尚不均衡等原因造成的信息鸿沟，网络传播产生的流言、谣言、盲从、极化，舆论主体在社会地位、权力等方面的差异，媒体逐利等多种因素的作用下，公民的自由权利并不能充分、平等地被体现；利用网络组织犯罪、煽动舆论、动员骚乱等负面事件等诸多当前存在的弊端，要求以法律制度的形式，对“自由”权利的各类主体——政府、媒体、公民等，加以作为和不作为的规定。

① 林尚立：《在有效性中累积合法性：中国政治发展的路径》，《选择复旦学报》（社会科学版），2009 年第 2 期。

② 中共中央马克思恩格斯列宁斯大林著作编译局译：《马克思恩格斯选集》第 1 卷，人民出版社 1995 年版，第 294 页。

我国已经出台了《突发事件应对法》《信息公开条例》《电信条例》《网络安全法》等多项法律法规，其中对网络舆论具有制约力的法条，设定了法律主体责任的底线。而舆论的灵活性，要求党和国家辅以柔性的引导，以创造适合经济、社会发展的最佳舆论环境。因而，舆论引导与公民的自由、监督权利在根本目的上是一致的。

2. 马克思主义新闻观为我国网络舆论引导提供了思想基础

作为我国新闻宣传和舆论引导工作的思想基础，马克思主义新闻观从理论上论证了媒体在舆论引导中的作用和使命，及其教育、组织、指导等功能，充分论证了其合法性。青年马克思在办报活动中提出“报刊最恰当的使命就是向公众介绍当前形势，研究变革的条件，讨论改革的方法，形成舆论，给共同的意志指出一个正确的方向。”① 马克思把为体现“共同意志”的社会舆论指引“正确的方向”，视为报刊的“最恰当的使命”，体现出他对报刊实现舆论引导功能的思想。恩格斯则把党报比作“旗帜”，比作“社会主义的中心”，其任务就是把广大党员和革命群众吸引到“旗帜”下，吸引到“中心”来。在他的思想中，“旗帜”和“中心”所起的作用就在于为民众，为社会指引方向。列宁则明确提出要使党报成为党的“思想中心”，承担起宣传和鼓动革命，教育和引导群众，组织和指导斗争的任务。

3. 我国新闻舆论工作的历史经验表明，不断完善舆论引导工作有利于促进社会的发展

1948 年 4 月，毛泽东在《对晋绥日报编辑人员的谈话》中指出：“报纸的作用和力量，就在它能使党的纲领路线，方针政策，工作任务

① 《马克思恩格斯全集》第 43 卷，人民出版社 1982 年版，第 489 页。

和工作方法，最迅速最广泛地同群众见面。”① 他所说的同群众“见面”，其目的自然是为了“指导”和“引导”群众。在我国改革开放的新时期，新闻媒介的舆论导向作用体现在党报的作用上，邓小平提出“要使我们党的报刊成为全国安定团结的思想上的中心。”②

江泽民从国家稳定，人民团结和社会主义事业发展的大局出发，对新时期舆论导向的重要意义作了集中论述。他指出：“历史经验反复证明，舆论导向正确与否，对于我们党的成长和壮大，对于人民政权的建立和巩固，对于人民的团结和国家的繁荣富强，具有重要作用。舆论导向正确，是党和人民之福；舆论导向错误，是党和人民之祸。”③ 1994年1月，他在全国宣传思想工作会议上的讲话中，向宣传思想战线明确提出了“以科学的理论武装人，以正确的舆论引导人，以高尚的精神塑造人，以优秀的作品鼓舞人”的任务。2008年6月20日，胡锦涛在人民日报社考察工作的讲话中指出：“新闻宣传工作要高举旗帜、围绕大局、服务人民、改革创新，坚持正确舆论导向，提高舆论引导能力，营造良好舆论环境，更好地发挥宣传党的主张、弘扬社会正气、通达社情民意、引导社会热点、疏导公众情绪、搞好舆论监督的重要作用。要把提高舆论引导能力放在突出位置。”④

2017年，党的十九大提出“加强互联网内容建设，建立网络综合

① 《毛泽东新闻工作文选》，新华出版社1983年版，第150页。

② 《邓小平文选》第2卷，人民出版社1994年版，第255页。

③ 《江泽民文选》第1卷，人民出版社2006年版，第563－564页。

④ 胡锦涛：《在人民日报社考察工作时的讲话》，《人民日报》，2008年6月21日第4版。

治理体系”①，在“管理”和“发展”并重的思路下，为网络舆论引导进行了顶层设计。随着微博、微信、微视频及各种客户端等新兴媒体的融合发展，网民的意见表达渠道不断丰富，网络舆论环境也随之改变，新时代互联网营造“清朗的网络空间”的关键，是在繁杂的网络信息和舆情中积极开展舆论引导，形成“成风化人、凝心聚力”，驱动互联网健康发展的和谐的网络舆论环境。

从我国新闻舆论工作的发展历程可以看出，党和国家领导人尤其注重舆论引导，并且将舆论引导的成败与党和国家的命运、社会发展相关联。因此，无论是历史发展还是当下现实需要，舆论引导都具备其存在的合法性。

4. 各国对网络舆论的管理实践证明，网络舆论引导与尊重民意和保障民主并不矛盾

最为奉行“自由主义”传统的美国对于社会舆论的管理，体现在积极的法规制定、大量的民意调查和广泛的社会参与等诸多方面。事实上，如何处理舆论反映着国家在政治和公共决策的过程中是否尊重民意基础。而在新媒体环境下，舆论作为社会政治、经济、文化生活中的一个“变量”，其影响力的权重有所上升，必然带动国家层面的关注和管理。网络舆论恶性事件对任何国家而言，都不利于社会的安定、团结与稳定。目前，在国际范围内，通过各种手段，各国普遍重视并加强了对网络舆论的管理。坚持正确导向，加强舆论引导，是党中央对新闻宣传工作的根本要求。创造更为宽松和良好的网络舆论环境，需要在网络新

① 习近平：《决胜全面建成小康社会夺取新时代中国特色社会主义伟大胜利——在中国共产党第十九次全国代表大会上的报告》，人民出版社2017年版，第42页。

闻宣传和信息服务中规范程序，严格管理，体现导向。

三、网络舆论引导的复杂性和可能性

（一）网络舆论引导的复杂性

网络舆论引导的复杂性源于社会舆论的复杂性、网络传播的复杂性和传媒立法的复杂性。新媒介环境下，政府和大众媒体舆论引导所处的媒介环境和面临的社会形势非常复杂。目前，处于转型期的中国具有基数庞大的人口，而在资源、环境、经济、民生等诸领域面临严峻而复杂的局面；国际经济政治和军事格局中，不稳定因素仍然存在。

计算机信息技术带来了网络海量、多元、去中心等传播特点。对网络舆论进行全面的引导无论是理论层面还是实际操作层面都非常困难。其一，从引导的本质来看，网络舆论要调整的是思想意识，刚性的法律法规对于软性的引导机制的“底线”、对网民诚信、公民权利义务等的规定，法理上都需要谨慎论证。其二，从网络舆论庞大主体所具有的多元性、匿名性、模糊性来看，相关法律规范、职业道德和准则的约束对象和约束范围不易明晰。其三，海量复杂的信息使得内容控制的能力被削弱；同时，网络舆论的跨国性和跨地区性对管理主体提出了权限挑战。最后，新生内容和技术的快速嬗变，使得法律法规容易滞后。

（二）网络舆论引导的可能性

我们党和政府对于网络舆论引导高度重视，针对整体引导和重大突发事件引导，近年来多次在政策层面提出相应的思路和对策，针对网络舆论引导实践中存在的问题，在政府管理、媒体运行等多个层面形成了有效引导网络舆论的政策、法规和办法。

我国新闻舆论工作提出在舆论引导的原则上，要围绕中心，服务大局，坚持舆论引导的正确方向；在舆论引导的方针上，要坚持以正面宣传为主的方针；在舆论引导的方法上，要弘扬主旋律，做好重大主题宣传和典型宣传，要积极引导社会舆论、十分重视网上舆论；在提高舆论引导的能力上，要遵循舆论引导规律，准确把握新形势下舆论引导的特点，努力增强舆论引导能力的针对性和实效性、吸引力和感染力，不断完善舆论引导格局和机制。

2004 年，党的十六届四中全会通过的《中共中央关于加强党的执政能力建设的决定》提出“加强社会建设和管理，推进社会管理体制创新”而在整体社会建设和管理中，进一步提出的“高度重视互联网等新型传媒对社会舆论的影响，加快建立法律规范、行政监督、行业自律、技术保障相结合的管理体制，加强互联网宣传队伍建设，形成网上正面宣传的强势。”

2010 年 6 月 8 日，国务院新闻办公室发表《中国互联网状况》白皮书，提出“积极利用、科学发展、依法管理、确保安全是中国政府的基本互联网国策”。① 2010 年中国互联网站总数第一次出现下降，比 2009 年减少了 132 万，总计 191 万个，降幅达到 41%②。网站经过了数量的激增期，进入了规范化、持续化发展的平稳时期。随着移动互联技术的发展，面对网络平台和应用出现的新问题，2017—2018 年，国家网信办约谈一批直播网站以及今日头条、快手、火山小视频等平台，令

① 国务院新闻办公室：《中国互联网状况白皮书》，http：//politics. people. com. cn/GB/1026/11813615. html。

② 尹韵公主编：《新媒体蓝皮书·中国新媒体发展报告（2011）》，社会科学文献出版社 2011 年版，第 15 页。

其全面进行内容审核和整改，对直播和算法推荐中存在的舆论引导问题进行严格把关。完善管理机制，进一步促进网络舆论健康有序传播，成为互联网持续发展的必然要求。

在网络媒体运作方面，2016 年，习近平总书记党的新闻舆论工作座谈会上指出，“要抓住时机、把握节奏、讲究策略，从时度效着力，体现时度效要求。”①这一论断从舆论的时间、度量和效果三个维度，为网络舆论引导工作进行了科学部署，有助于提高网络舆论引导中研判舆情、设置议程、收集反馈的准确性、适宜性和互动性。各级各类政府部门开设微博定期发布政务信息，回应热点问题，引导社会舆论的走向已成常态；商业门户类网站试行辟谣机制；行业内自律和社会广泛监督，都逐渐走向自发和自觉。

第四节　网络舆论引导“机制”解析

一、机制的概念和内涵

“机制”（mechanism）是对复杂工作系统和某些自然现象物理化学规律的泛指。生物学意义上的机制是指生物的内在功能和作用机理，研究生物体各部分之间有机联系和运行的方式。目前，机制这个概念逐渐被应用于社会科学领域，诸如经济学、社会学、心理学、美学、管理学

① 中共中央宣传部新闻局，《习近平总书记党的新闻舆论工作座谈会重要讲话精神学习辅助材料》，学习出版社，2016 年版。

等学科，如市场机制、竞争机制、合作机制、创新机制等。

在人文社会科学语境中的机制，是政治、经济、文化活动各要素之间相互构成、联系和发挥功能的原理。从社会学的角度看，“‘机制’一词的基本含义有三个，一是指事物各组成要素的相互联系，即结构；二是指事物在有规律性的运动中发挥的作用、效应，即功能；三是指发挥功能的作用过程和作用原理。把这三者综合起来，更概括地说，机制就是‘带规律性的模式’”。① 而“机制的运作过程，也就是一种关系结构转化为功能的过程。在这一过程中，关系结构是基础和框架，相互作用是实际作用的方式和过程，产生功能是交互作用的效果和效应，这种逻辑关系就是所谓的结构功能转化原理。”②

从系统论对社会机制的研究视角来看，机制是事物内在具有的原理、规律，它自发地对事物起作用。对于复杂的社会问题，诸如各种社会管理、社会监督、经济体制、政治文明与精神文明建设等，需要改变外在人为、机械强制的传统观念思想与方式方法，而重视机制建设，靠事物内在机制起作用。社会领域的机制设计主要有“硬件技术性”机制与“软件制度性”机制，后者主要靠规则、制度来实现。需要将个人与社会、领导与群众（上级与下级）、权利与义务、规则与行为、目标与过程、当前与长远、理论与实际、形式与内容等不同层次缠绕在一起，相互制约、循环发展。③

与机制常常相提并论的是“制度”和“体制”。“制度”是指在一

① 郑杭生、李强：《社会运行导论——有中国特色的社会学基本理论的一种探索》，中国人民大学出版社 1993 年版，第 348 页。

② 沈荣华：《政府机制》，国家行政学院出版社 2003 年版，第 5 页。

③ 李以渝：《机制论：事物机制的系统科学分析》，《系统科学学报》，2007 年第 4 期。

定历史条件下所形成的政治、经济、文化与法律方面的体系，具有较强的稳定性，是一个较为宏观的概念。“体制”是社会机构与相应社会规范的结合体。① 制度的设计和完善需要机构和规范加以支持。而机制作为内在的作用方式将事物各部分相互联系，发挥体制各部分的功能。通过机制的作用发挥和体制的完善，最终形成较为稳定的制度。

二、舆论引导机制的界定

有研究者认为，舆论引导机制“是指在舆论引导过程中，各个组成要素由于某些机理的作用而产生的相互联系、相互作用的联系方式，以及通过它们之间的有机联系而完成其整体目标、实现其整体功能的运行方式。”② 这一定义从舆论引导要素相互联系和发挥作用的过程对舆论引导机制进行了界定，但未能表明舆论引导机制和其他社会机制的差别，即舆论引导机制的实质。

本书认为，从下定义常用的“属加种差”法来看，舆论引导机制的属概念是“社会管理机制”，是党和政府执政与管理行为在意识形态领域的表现；不同于法律、行政管理机制，由于舆论引导的对象是社会舆论，后者是个体表达、社会心理等内因驱动下形成的集体共识，具有多元、交互、海量、隐蔽等特点，因而，具有更强的不确定性，这是舆论引导机制的种差。在我国，舆论引导机制是党和政府及媒体，在社会舆论各构成要素生成传播规律的支配下，使其相互联系和作用，发挥引

---

① 孙绵涛：《社会机制理论的新探索（上）》，《沈阳师范大学学报》，2007 年第 6 期，第 27 页。

② 郭超海：《中国共产党执政能力建设与舆论引导机制研究》，中共中央党校 2010 年博士论文。

领和导向功能所形成的机构、规章和运行模式等的总和。

三、建立健全网络舆论引导机制的研究思路

出于研究者在学术背景和研究视角上存在的差异，对网络负面舆论的应对方式，在早期研究中体现出对立、管制、控制甚至压制的思维。随着研究的深入，大多数研究者逐渐形成共识，开始重视引导机制建设中对舆论内在规律的研究。

“建立健全舆论引导的工作格局和工作机制，能够为正确舆论导向提供组织保障和制度保障，是具体落实正确舆论导向中极具现实性和紧迫性的一个重要环节。建立健全以党政主管机关为主导的、以行业自律为基础、以专业监督和社会监督为辅助的舆论引导工作格局，为正确舆论导向提供组织保障；要建立健全完善的舆论引导工作机制，为正确舆论导向提供制度保障；促进舆论管理工作从以行政手段为主向以法律手段为主转变，探索建立舆论引导工作管理的长效机制。”① 从我国现实的舆论生态来看，网络舆论引导已经由危机事件和重大突发事件时的应急调控措施，变为急需日常化的工作。而从舆论引导实施的思路来看，网络媒体浩瀚的信息洪流决定了引领、疏导和管理当为“治未病”——引导公民用好新媒体，善用新媒体，建立健全相关法律和制度，充分发挥行业自律的作用。

舆论引导在学理上是非常复杂的问题，面对新媒体发展中产生的新问题，研究的难度进一步加大。以诺依曼和哈贝马斯的经典理论“沉

---

① 雷跃捷、唐远清：《论如何建立健全舆论引导工作格局和工作机制》，《现代传播》，2007 年第 2 期。

默的螺旋”与“公共领域”为例，这两个理论都是理想状态下的假设，而舆论的形成在现实中受到多种社会变量的影响，二者被实际验证的难度都很大。舆论引导在操作层面上，其有效性、水平、质量的高低，亦是一个难以量化的过程。因此，本书对网络舆论引导的研究，在对其主体及其特点、渠道、内容分析的基础上，通过对现有法律制度、政府管理、行业自律和媒体运作等机制的结构和功能进行评价，从舆论生成、传播和发挥影响的过程分析结构和功能的运行情况，通过事件研究和理论分析，得到其机制运行中结构和功能及其相互作用这一过程目前存在的问题，从舆论学和传播学视野来观察自然状态下网络舆论中显性、隐性、潜在存在或可能存在的失范现象，思考如何对其进行有限度的干预，继而提出完善网络舆论引导机制的路径。

第三章

网络舆论事件研究

网络媒体既生产新闻和信息，也汇集观点和舆论，它变革了媒体舆论场与社会舆论场的关系，带来社会关系一定程度上的改变和调整。传受双方、各类媒体、各个社群、国家之间的关系被重新认识和整合，传统媒体主导社会舆论的单向过程，转变为自上而下的舆论和自下而上的舆论相互交织，“虚拟社会”的舆论场与现实社会舆论相互投射、相互作用。人们在信息沟通、文化交流的功能之外，期冀网络媒体承载推动观点多元化、文化多样化和社会民主进步的使命。网络媒体一定程度上表现出“公共领域”的特点。

然而，为这个时代带来更多传播自由和繁荣的新媒体，由于其技术属性和传播特征，也有着自身尚不能克服的“时代病”。虚假信息、网络谣言、低俗内容、违法犯罪、网络暴力等问题，一次次把“虚拟社会”混乱失序造成的现实恶果展现在人们面前。

第一节 新媒介环境中的社会舆论

媒介环境的变迁是当前世界各国网络舆论事件频发的重要原因之一，社会舆论的形态与媒介形态在技术、渠道等表现方式上存在极大关联。新媒介环境的形成，为网络舆论事件提供了载体和平台。

一、媒介环境的变迁

（一）媒介环境

美国传播学者尼尔·波兹曼（Neil Postman）在 1968 年首次定义了"Media Ecology"，认为，"应将媒介作为环境进行研究"，"将媒介看作是一个复杂的信息系统，而媒介环境学则是试图揭示这一系统所包含的内在结构以及对人类感知、理解和感觉的影响"。[①] 1970 年，尼尔·波兹曼在纽约大学设立了"Media Ecology"专业，使之成为媒介研究的一个学科方向。1985 年，波兹曼代表作之一《娱乐至死》一书的出版，使得媒介环境成为一个热门的传播学研究领域，并在全球蔓延。

网络媒体的出现带来了多媒体并存、融合的现状，在这一背景下，媒介环境研究从单一媒介环境分析走向多媒介环境考察。Casey Man Kong Lum（2005）认为，"从理论上而言，我们关心的不只是人们使用的每一个媒介内在固有的感知—符号结构或特征，而是考察所有共存的

① Perspectives on Culture, Technology and Communicaiton: The Media Ecology Tradition. ed. Casey Man Kong Lum, HAMPTION PRESS. 2005, P. 28.

媒体之间的动力以及他们的互动如何导致或构成感知—符号的环境，而所形成的这一环境整体与这多个媒体所拥有的感知—符号元素的总和有着质的差别”。①

这一理论认为媒介是作为环境而存在，并可分为感知环境和符号环境。对媒介环境研究既可以从单一媒介环境的角度考察，也可以从多媒介环境的角度考察，在多媒介环境背景下，考察媒体之间的相互作用以及相互作用所形成的感知—符号环境，是研究媒介与社会、公众互动的重要视角。

“Media Ecology”这一概念于2000年首次引进到我国，崔保国在《媒介是条鱼》中将其译成“媒介生态学”；2006年、2007年，何道宽先后在《异军突起的第三学派——媒介环境学评论之一》《媒介环境学辨析》两篇文章中，对这一学科进行详细介绍，他认为基于北美的研究成果，应将该词译为“媒介环境学”较为妥当，并指出“国内学者提倡的‘媒介生态学’重点研究的是媒介与政治、经济、文化等各种社会因素之间的生态关系”②，与北美 Media Ecology 将媒介视为环境研究有所差别。2008年，邵培仁在《媒介生态学研究的新视野——媒介作为绿色生态的研究》一文中指出，“媒介作为社会的一个子系统，其构成要素之间、媒介与媒介之间、媒介与外部环境之间也存在着密切的互动关系并保持某种和谐，从而构成了媒介生态的基本样貌和研究的主

---

① Perspectives on Culture, Technology and Communicaiton: The Media Ecology Tradition. ed. Casey Man Kong Lum, HAMPTION PRESS. 2005. P. 30 – 31.

② 何道宽：《媒介环境学辨析》，《国际新闻界》，2007年第1期，第47页。

要对象"①，"媒介作为环境的研究"是媒介生态学（Media Ecology）关注的一部分。

由于本研究所关注的视角主要还是在"媒介作为环境背景"这一点上，本书赞同何道宽先生对 Media Ecology 这一词组的翻译，即采用"媒介环境"的译法，将其作为社会舆论成因的一个宏观环境要素。

（二）媒介的延伸和变迁

报道新闻、传播信息、反映舆论、引导舆论，这是新闻事业最基本的功能，也是各类新闻媒体最基本的任务。在上述功能和任务中，引导舆论无疑是媒介能动性最集中的表现，实现的难度也最大。媒介进行舆论引导的效力除了受到舆论状态、媒介价值观、引导强度等影响外，媒介类型也是舆论引导需要考量的重要维度。从媒介的历史演进过程来看，现代媒介的发展经过了印刷媒介、广播媒介、电视媒介和网络媒介这四种类型，在新媒介环境的形成中，前三类"传统媒体"与网络媒介相融合，表现出媒介形态的延伸和发展。

1. 印刷媒介的数字化

印刷媒介是现代媒介的发端。书籍作为最早的印刷媒介形式，在初期传播范围较为局限。经过几个世纪的发展，作为大众媒介，书籍仍然在众多媒介并存的环境中具有重要地位。

近代报刊的出现进一步改变了印刷媒介的传播方式，与人们的日常生活联系也更为紧密。报刊作为典型的视觉媒体，通过报纸向受众传递信息；在内容方面，报纸对传播内容的篇幅有一定限制；从传播过程

① 邵培仁：《媒介生态学研究的新视野——媒介作为绿色生态的研究》，《徐州师范大学学报》（哲学社会科学版），2008 年第 1 期，第 135 页。

看，采写、排版、印刷、发行的流程也决定了报纸的时效性相对较差；从媒介可信度来看，经历了几个世纪的发展，报刊整体上有着较强的威望和信赖度。

数字技术的出现改变了传统印刷媒介的传播形式。书籍、报刊在向新技术、新媒体借力的过程中，表现出强烈的融合性。电子书籍、电子报刊的出现，缩短了原有的传播流程，大大提升了时效性，也改变了人们的阅读方式。人们可以通过电脑、手机等多种终端进行阅读，纸质印刷媒介数字化相互融合渐成常态。

2. 广播告别“稍纵即逝”时代，成为典型的“伴随性”媒介

作为最早的电子媒介，从1920年美国KDKA广播电台正式开播至今，广播以无线电传播的方式改变了印刷媒体传送的滞后性；无线电发送对基础设施依赖程度较弱的特征，使广播在灾害等突发事件中能够充分发挥作用，甚至成为唯一能够存活的媒介。广播的出现改变了原有印刷媒体视觉传播的途径，由视觉转为听觉的传播渠道，给听众带来更加身临其境的感受。较为单一的听觉渠道，又使广播成为伴随性极强的媒体，人们在处理其他事情的同时，完全可以将广播作为背景媒介，不影响人们通过其他感官接受其他信息或妨碍肢体运动。从传播内容来看，声音使得不同文化程度的人们都可以直接成为受众。在接受终端来看，接受终端日益小巧便携。

伴随着新的媒体技术的发展，广播媒介在传播方式和样态上也有所改变。互联网和无线通信技术，人们可以通过网络在线、手机终端等多种渠道收听广播；卫星技术、互联网则使得广播收听不再限于某个地域，传送范围更加广阔；数字技术使得广播信号实现数字化，收听效果

大大提升；智能手机广播 APP 软件集合不同国家、地区的广播节目于一体，为受众收听节目提供了多种可能；而基于微博的“微广播”更使得传受双方的互动多元化；通过网络和手机软件，用户可以自行编排自己喜爱的广播节目，拥有自己的广播频率，这彻底改变了以往的传受关系，人人都可以是“传播者”。此外，用户通过软件接收预订节目自动下载和分类的功能在苹果公司的 ITUNES 平台、北京台“听立方”平台等均有体现，改变了以往广播节目“稍纵即逝”“保存性差”的致命弱点。可以说，由于广播依赖的技术性条件门槛较低，音频处理也相对简单，它是与新媒介相互结合、产生作用最方便的媒介。

3. 电视媒介的移动性、互动性特征日益明显

作为媒介环境的要素之一，电视对人类社会生活的影响十分深刻。从传播渠道来看，电视通过图像和声音传播信息，集结了视觉和听觉的传播渠道，是其绝对优势所在。从传播技术来看，从微波信号到数字信号，再到卫星信号传播，电视传播使得高品质的直播成为可能，大大提升了时效性。从传播内容来看，由于声画同步传播决定了它可以完整再现乃至直播事件的过程，拥有极强的形象感、现场感和过程感。而同广播媒介一样，传统电视的保存性较差，可选择性也比较差；与广播相比，电视与受众的互动性较弱；过度依赖技术条件和接受终端的限制，使得电视在诸如突发事件报道中的功能受到限制。

新媒介环境中电视媒介的传播形态和方式有几个明显的改变：互联网技术可以实现在线实时收看电视节目和点播节目视频，弥补了传统电视媒介保存性差的缺陷；无线通信技术，尤其是 3G、4G 网络使得移动收看电视节目也成为现实；数字技术的发展和成熟，高清电视、3D 电

视的出现让电视节目样态更为丰富；互动电视的出现，弥补了电视“可选择性差”“互动性差”的缺陷，等等。

4. 网络媒介载体、终端和样态持续“更新换代”

网络媒介的最主要的特征是“数字化”和“互动性”，前者是从技术层面而表现出与其他媒体的区别，后者则是从传受关系的角度突出新媒体因技术手段发展而带来的全新的传受关系。网络媒介的终端样态丰富，每个基本样态下面又可以细分为多种表现形式，PC 终端下如门户网站、搜索引擎、网络出版、网络广播、网络电视、网络社区、社交网站（SNS）、即时通信软件、电子邮件、博客、播客、网络游戏等；手机终端下如短信、彩信、彩铃、手机出版、手机广播、手机电视、手机游戏等；数字广播电视等。随着科技的不断发展，终端的更新和媒介的表现样态将更为迅速、丰富。

（三）新媒介环境的形成及其特征

如上所述，媒介的变迁与新媒体的出现和发展，带来了人类传播方式的巨大改变，以报刊、广播、电视为主导的传统媒介环境被具有诸多传播优势的网络媒体打破。不过，任何一种后继的媒介都是对过去的某一种媒介或某一种先天不足的功能的补救。① 从传播史的发展来看，网络媒体的“数字化”“互动性”等“补偿性”功能并不能证明它将完全取代原有的媒体，每种媒介有其核心的、无法替代的生命力。因此，网络媒体在一定程度上改变了传统的媒介环境格局，形成了新旧媒体各自发挥优势、相互联系、相互补充、相互影响的新媒介环境，这种环境处在不断发展中。

---

① 李怀亮主编：《新媒体：竞合与共赢》，中国传媒大学出版社 2009 年版，第 8 页。

新媒介环境具有以下几个主要特征：

第一，新媒体与传统媒体共存。新媒体出现后形成的新媒介环境格局，基本特点是传统媒体和新媒体共存的状态，新媒体的出现并没有使得传统媒介消亡，相反，新媒体的出现实际上是对传统媒体存在缺陷的弥补，它的发展仍然深受传统媒体的影响，各类媒体目前处在相互竞争的共存状态。

第二，媒介传播方式与权力关系被重新定义。新媒体的出现及其与传统媒体相作用、相融合的趋势，使得原有的传播方式发生了根本改变。新媒介环境中，传者与受者信息传递时间缩短、渠道多样。

第三，新媒介环境中，媒介融合发展表现出“人性化”“智能化”“可感知”等特点。各类媒介在融合中，表现形式和样态日渐丰富。以苹果公司的 iPad 终端为例，通过无线通信信号，iPad 的文字阅读、视频收看、音频收听，对人的听觉、视觉和触觉的“延伸”富有质感和人情味。未来媒介的再整合对其他感官的开发值得期待。

二、社会舆论在新媒介环境中的变化

技术革命与“人”的关系，是人类历史的一条主线，两次工业革命给人类生产生活方式带来根本性改变，第三次科技革命中，电子计算机技术被广泛应用，最为直接地给现代信息技术和媒介发展带来变革，继而改变人类信息传播、思考方式和生存状态。

麦克卢汉认为，媒介即讯息，即媒介本身才是真正有意义的讯息，人类有了某种媒介才有可能从事与之相适应的传播和其他社会活动，因此真正有意义、有价值的讯息不是各个时代的传播内容，而是这个时代所使用的传播工具的性质、它所开创的可能性以及带来的社会变革。传播技术的发展带来了媒介形态及其属性的发展和变迁，对于不同的媒介而言，由于自身属性的区别，造成信息和舆论生成、传播特点的差异。

以手机和互联网为代表的网络媒介通过如即时通信、社交网站等的传播渠道，用多样的传播手段，多元的传播群体，颠覆了传统信息传播的方式，使得信息、观点、意见和态度的传播交织形成了新媒介环境，并不断发展，对受众思维模式和生活习惯带来改变，从而对社会对舆论的形成产生影响。纵观近几年社会舆论的形成和发展，新媒体在舆论引导尤其是在一些重大突发事件的舆论引导上日益发挥着独特的作用，引发了社会舆论环境的深刻变化。

（一）舆论生成和传播机制的复杂化

传统媒体的舆论生成主要通过媒体设置议程进行，舆论传播自上而下，发布新闻、引导舆论、舆论监督主要由媒体代表公民进行。而在网络中，社会公众既是信息的接受者，同时也是信息的发布者，普通民众和媒体同样可以通过网络平台参与公共讨论，对现实社会事件和社会现象表达情绪、态度和观点。

同时，网络通过对所写作内容和所包含链接进行自动实时更新的RSS技术，使得通过文本的超链接，能够迅速使各种关于该事件的信息和舆论在网络媒体中呈现。网络媒体使得信息和新闻即时到达受众，给受众提供广泛的信息选择，和事件直播的同时，提供多元化的价值理念、互动的参与方式。在社会突发事件和热点问题的报道中，网络媒介作为一种自发性的意见表达形式，能在极短的时间内传播出去或形成舆论强势，满足公众“知情”和“表达”的诉求，并成为大型的信息、新闻和观点“库”，形成信息、观点的自由市场。

（二）舆论载体和平台的多样化

舆论的集聚、扩散和传播、引导都需要平台与载体。相比较传统媒体的舆论引导，网络舆论引导的方式、方法更加多样。具体而言，在上文论及的网络媒体载体中，网络新闻与新闻跟帖、BBS、论坛、社交网站、贴吧、博客、微博、即时通信软件、直播平台和智能手机在近年来舆论事件中发挥了重要作用，尤其以微博、社交网站和手机表现出强大的信息传播和舆论聚合能力为代表。

1. 以 Twitter 为代表的微博平台具备强大的话题制造能力

由于具有庞大的用户基数，Twitter 作为全球最大的微博平台之一，已经多次成为舆论危机事件信息、言论和观点的集聚地。据统计，在英国伦敦骚乱发生后，作为一个有效的沟通媒介，它提供了简单的工具，诸如转推、标签标记等，使得用户能够非常便捷的散发消息，而它的标记系统使得从未谋面的人们可以在一个共同的议题下关联在一起，这也为舆论危机事件中信息的聚合和扩散带来了极大的便利，已经多次成为舆论危机事件信息、言论和观点的集聚地。

除了 Twitter 以外，不同国家也有类似的本土化的微博平台。就中国而言，影响力较大的是新浪微博。据《2012 年新浪微博用户发展报告》称，截至 2012 年 6 月，新浪微博共有 3.68 亿用户。① 从这一庞大的用户群足可以看出微博的辐射能力。这一数字还在不断增长中，微博以一种新兴媒介形态逐步融入人们的生活。

---

① 新浪微博数据中心：《2017 年新浪微博用户发展报告》，http：//www.useit.com.cn/thead－17562－1－1.html。

2. 以 Facebook 为代表的社交网站充分发挥人际传播作用

Facebook 是全球最大的社交网站之一，其中的即时、原创性内容在网络舆论事件发生后，极易产生病毒式传播和直播效果。它的手机视频录制与上传（Facebook Video Sharing）、给视频中的朋友加“标签”、帮助用户组织线下的社交活动、通知朋友们将发生的活动，以及“Facebook Live”流媒体直播频道等功能，使其兼具了强大的人际传播、组织传播和大众传播功能。

3. 智能手机移动互联的“舆论保温”的效能

智能手机通过贴身性与高到达率产生极高的舆论传播效率。手机媒介作为互联网随身终端是最典型的“补偿性媒体”，能够实现 24 小时的“移动互联”，实现舆论传播不中断的“保温”效应。同时，手机媒体信息落点准确，在所有媒介中，信息的到达最为高效。这一点特征使得手机媒体在构建公共信息平台进行公共危机预警、处理公共舆论危机方面，发挥重大功效。如在 2012 年 7 月北京暴雨事件后，每逢气象异常，北京市政府通过手机短信及时将相关信息发送至市民，信息传递的及时性对于公共危机有一定的缓解作用。

第二节　中国网络舆论事件研究

媒介技术的发展和改革开放的时代潮流，使得网络媒介在我国快速发展，带来了信息繁荣、观点多元、文化多样的媒介环境，在当前转型期的社会背景下，网络作为思想和舆论阵地，成为各种社会思潮聚合的平台。

一、中国社会转型与网络舆论事件

我国当前网络舆论事件的形成根植于社会舆论存在的两个背景，即新媒介环境的形成和中国进入社会转型期。中国的网络舆论事件既有世界各国在新媒体形势下社会事件、社会危机上升所具有的共性特点，又表现出转型期社会和国情下的独有特征。

改革开放以来，我国在经济、政治、文化等方面取得了举世瞩目的成就，40 年来，中国经济的年增长率为世界所瞩目。2010 年我国经济结构达到了社会工业化的中期阶段，2012 年中国经济增长年度增幅在 8% 左右，随着高速的经济发展，我国进入社会转型的重要时期，社会结构也发生改变，人民群众的生产、生活和交往方式发生了巨大变化。党的十九大报告作出中国特色社会主义进入新时代的重大政治判断，社会主要矛盾已经转化为人民日益增长的美好生活需要和不平衡不充分发展之间的矛盾。在此背景下，社会舆论也出现了新的变化，各种言论、思想和观念相互碰撞，相互交融，日益呈现出主体的分层化、内容的复杂化、诉求的多元化和表达的多样化等新特征。

虽然，网络媒体成为一个言论和意见表达相对自由的舆论平台，但显性的、媒体渠道表达的舆论还只是舆论的冰山一角，庞大的社会舆论潜伏着的巨大的隐性舆情。城市化体制、户籍制度、人事体制、社会保障、医疗改革、收入分配、公共权力的行使、教育公平、民生问题、就业问题、住房问题等刺激性议题一旦形成社会公共事件，便极易发生社会舆论的“触礁”，爆发舆论危机事件，表现为利益冲突、意识冲突、观念冲突，甚至上升为现实的暴力冲突。在一次次舆论事件中，网民广泛参与公共事件发展方向，影响社会事务，但公众舆论情绪化、非理性、被压抑的特征也十分明显。

二、我国网络舆论事件的发展

由于2003年“非典”事件、孙志刚事件等一系列网络事件对社会的巨大影响，我国研究者一般将2003年作为中国新媒体事件的诞生年。在上述事件中，网民意见表达的频率高、强度大，一定程度上催生了《政府信息公开条例》，推动废除了《城市流浪人员乞讨收容遣送办法》，展现出网络媒体舆论对现实生活的深刻变革作用。

目前，研究者对于我国网络舆论事件的起点和阶段认定各有不同，国家社会科学基金重大项目“互联网管理与中国特色网络文化建设”的研究成果《1998—2009重大网络舆论事件及其传播特征探析》认为，1998年1月发生的克林顿绯闻事件时中国网络舆论已经十分活跃，这一事件是我国最早的网络舆论事件。还有学者认为是1998年的印尼排华事件是我国网络舆论事件的起点。① 崔蕴芳在《网络舆论生成机制研究》中按照网民公开意见表达的数量和影响力程度，将我国网络舆论事件从2003年开始，划分为2003年、“2003—2006年”、“2006—2009年”、“2009年以后”四个阶段。

钟英和于秀才以案例研究的方法，设定“谷歌与百度两大搜索引擎上出现相关报道超过1万条”“在大范围内引起社会广泛关注”两条标准，对我国1998年初至2009年底的160起重大网络舆论事件的关键

---

① 转引自余秀才：《网络舆论传播的行为与动因》，华中科技大学2010年博士论文。

要素，如时间、地点、群体、类型、传播途径与影响效果等进行研究逐一分析，较为全面地揭示了我国网络舆论事件形成与发展的基本特征，指出中国重大网络舆论事件，在时间上呈波浪状不断上扬的发展态势，重大网络舆论事件所涉主体，以国家与社会管理者首当其冲，相关案例共48起，约占整体的30%，事件关注的类型较为广泛，但主要集中在政治与民生方面。政治方面，官员腐败与政府管理密切相关，共占整个案例的21.5%，显示出网民对政治生活的关注。重大网络舆论事件的信息源和传播路径，信息源可查证的大多来自传统媒体，对性质敏感、发生地偏远的事件，网络媒体的挖掘功能却有独到之处。在事件发展中，网络媒体的推波助澜作用尤为突出。对网络舆论事件的传播路径进行整体考察，发现其扩散过程基本呈现出葫芦状模型。网络舆论对事件解决的多向作用，160个重大网络舆论事件中，网络舆论在推进事件发展中起正向作用的案例106起，比例为66%；网络舆论事件中各媒介的影响力表现方面，网络媒体主导事件发展的案例有80起，占50%。①

从网络舆论对国家、社会的影响力而言，2003年的“非典”和孙志刚事件无疑具有里程碑式的意义。之后，“钉子户”事件中体现出城市化进程中个体利益问题和《物权法》的实践，铜须门事件反映出的网络舆论与人肉搜索、网络暴力问题、“3·14”事件、家乐福事件中基层的民族舆论高潮，瓮安事件中基层干群对立的社会舆论爆发，三聚氰胺事件中食品安全这一根本民生问题的凸显，“躲猫猫”事件中网民的积极参与，“我爸是李刚”事件、“郭美美”事件、“表哥”事件都表现出网民对公权力和公共利益的监督，为我国社会转型期的制度建设、

① 余秀才：《网络舆论传播的行为与动因》，华中科技大学2010年博士论文。

社会公平标记了浓重的“民意”印记。

三、我国网络舆论事件的主要特点

（一）网民参与频次高，微博发挥舆论“领跑”作用

以网民在互联网上针对某一事件发帖、评论、转发等行为的参与度高低和新闻的点击率、转载量的受关注程度为依据判断网络事件是否是“热点事件”成为目前舆情监测判定舆论事件的标准。新华网网络舆情监测分析中心统计得出 2016 年度 30 件网络热点事件[①]（见表3－1），在海量的网络事件中，这些公众热议事件所表达的情绪和意见具有极高的关注度和较大的影响力。

① 新华网网络舆情监测分析中心《以舆情治理为契机　提升社会治理能力——2016 年度社会热点事件网络舆情报告》，2017 年 1 月。

表 3－1 2016 年度 30 件网络热点事件

序号	时间	舆情事件	地域	涉及话题	热度指数
1	1月	国务院：除少数超大超市全面放开落户限制	全国	户籍改革	★★★★★
2	2月	哈尔滨“天价鱼”事件	黑龙江	旅游管理	★★★★★
3	3月	山东问题疫苗事件	山东	医药安全	★★★★★
4	4月	常州外国语学校基地事件	江苏	环境污染	★★★★★
5	4月	青年魏则西之死	多地	网络治理	★★★★★
6	5月	雷洋事件	北京	涉法涉诉	★★★★★
7	7月	河北大贤村洪灾事件	河北	突发事件	★★★★★
8	7月	交通部发布网约车新规，网约车获合法地位	全国	交通管理	★★★★★
9	8月	王宝强离婚事件	北京	社会公德	★★★★★
10	8月	山东“徐玉玉电信诈骗案”	山东	网络治理	★★★★★
11	12月	罗尔涉嫌诈捐舆情风波	广东	公益慈善	★★★★★
12	1月	东北女孩怒斥广安门医院号贩子	北京	医患矛盾	★★★★☆
13	2月	河南女孩王娜娜被顶替上在学事件	河南	教育管理	★★★★☆
14	4月	和颐酒店女妇遇袭事件	北京	公共安全	★★★★☆
15	5月	安徽男子“右肾失踪”风波	多地	医患矛盾	★★★★☆
16	6月	湖北仙桃民众抗议垃圾梦烧项目	湖北	环境污染	★★★★☆
17	7月	公安部：围观民众拍摄若不影响执法警察不得干涉	全国	执法规范	★★★★☆
18	7月	南方洪灾	多地	突发事件	★★★★☆
19	12月	中关村二小疑似“校园欺凌”事件	北京	教育管理	★★★★☆
20	1月	李克强，再取消61项职业资格认证	全国	就业创业	★★★☆☆
21	2月	国务院印发《关于加强农村留守儿童关爱保护工作的意义》	全国	儿童保护	★★★☆☆
22	2月	延迟退休方案明年出台将设5年过渡期	全国	社会保障	★★★☆☆
23	4月	海口秀英区拆违暴力冲突	海南	拆迁冲突	★★★☆☆
24	5月	湖北江苏高考“减招”风波	多地	教育管理	★★★☆☆
25	5月	人社部治理“奇葩证明”：取消无依据证明盖章	全国	行政管理	★★★☆☆
26	6月	安徽高考“眼镜门”事件	安徽	教育管理	★★★☆☆
27	7月	赵薇新片撤换男主演戴立忍对方或涉“台独”立场	多地	意识形态	★★★☆☆
28	9月	甘肃农妇残杀四子后自杀	甘肃	农村扶贫	★★★☆☆
29	10月	多地大学生陷“校园贷”漩涡	多地	网络治理	★★★☆☆
30	11月	多地现非法使用童工	多地	儿童保护	★★★☆☆

（注：按照事件发生时间和热度综合排序，热度选取标准为当月影响较大的社会舆情事件，2016年1月至2016年12月。）

随着互联网在中国普及，网民数量不断上升，网络媒体功能完善，社交媒体参与、互动、分享特性突出显现，传播渠道的多元发展，网民表达意见，参与事件的意识逐渐上升，热情逐年高涨，参与度的大幅度提高，以及“实名制”“辟谣机制”的出现，促使了网络舆论事件发生的频次增加。据 CNNIC 统计分析，社交媒体已成为互联网媒体中最为流行的媒体类型之一，凭借用户基数大、信息传播快、互动功能强等特点，成为网上内容传播的重要力量。一方面，传统媒体积极拥抱社交网络，开通官方微博、微信公众号来发布权威信息，扩大传播范围，增强舆论声势。另一方面，自媒体影响力逐渐放大，截至 2017 年第三季度，新浪微博月活跃用户达到 3.76 亿，每十分钟更新一次的热门话题深度影响网络舆论热点，微博实名认证用户、网络红人等对网络话题的影响力较大。[①] 目前，微博发展较其初期呈现出式微态势，但由于微信一定的私密性和圈群化特点，在公共舆论事件中，微博仍然发挥重要作用，成为大量网络舆论事件的消息源和传播场，微信公众号成为中国最大的社交媒体网络舆论事件生成和传播载体。

（二）网络舆论事件助推制度和管理变革

本书从具有重要社会影响事件中，以网络舆论及其社会效能为主要考察指标，列举 2003 年到 2012 年以来的中国重大网络媒体舆论事件及其一定程度上助推或催化的制度或管理变革（见表 3－2）。

表 3－2 与重要制度和管理变革相关的网络舆论事件

事件	时间	制度/管理变革
“非典”事件	2002—2003 年	《突发公共卫生事件应急条例》2003 年 5 月 7 日施行；《突发事件应对法》2007 年 11 月 1 日施行；《政府信息公开条例》2008 年 5 月 1 日施行

① 中国互联网信息中心：《第 41 次中国互联网络发展状况统计报告》（2018 年 1 月）。

续表

事件	时间	制度/管理变革
孙志刚事件	2003 年 3 月	废止 1982 年 5 月的《城市流浪人员乞讨收容遣送办法》
“最牛钉子户”事件	2007 年 3 月	《城市房地产管理法（修订）》2007 年 8 月 30 日施行
厦门 PX 事件	2007 年 3 月	各地重大行政决策听证会制度的逐步完善
“三聚氰胺”事件	2008 年 8 月	京津冀食品安全事故应急处置联动机制 2011 年 8 月 17 日启动；《国家食品安全事故应急预案》2011 年 10 月 14 日施行
“躲猫猫”事件	2009 年 2 月	开启政府邀请“网民参与调查”先河
“微博打拐”行动	2011 年 1 月	公安部启动全国范围的打拐专项行动；一些代表、委员在“两会”期间提出相关议案
“免费午餐”行动	2011 年 3 月	国务院 10 月 26 日常务会议决定实施农村义务教育学生营养改善计划
“郭美美”事件	2011 年 6 月	2012 年 7 月 31 日，国务院办公厅公开发布《国务院关于促进红十字事业发展的意见》
“微笑表哥”事件	2012 年 8 月	多地试点官员财产公开制度

重大网络舆论事件助推、催化制度和管理发生变革，极好地说明网络舆论事件最佳的落脚点，是通过公众舆论传播民意，推动和影响政策、法规、社会现实事务的良性发展。而在如今的媒介环境中，重大公众事件几乎都成为舆论事件，对触及社会正义、政治伦理和社会群体价值等基本问题产生政治、文化、伦理等方面的深远影响。

（三）网络舆论监督公权力成常态

由于与民生关切息息相关，公权力作为不当或不作为的相关新闻总能在短时间内燃爆舆论场，引发全社会的广泛关注。2016 年，政策性社会舆情占比为 27.5%。医疗卫生、突发事件、网络治理、教育文化、交通管理、社会保障、环境保护等社会话题关注度较高。①

70 年住宅土地使用权争议、海口秀英区拆迁暴力冲突、常州外国语学校毒地事件、北京和颐酒店女子遇袭事件、苏鄂高考“减招”风波、雷洋事件等涉及经济社会管理领域的话题明显吸引着网民关注，反映出当下我国网民对上述领域均抱有较高的关注和迫切希望。

总结近年来我国热点网络舆情事件的情况，虽然不同的话题关注度时有涨落，也会因为个别突发事件出现新的事件类型，但总体上，网络舆论关注的焦点始终保持对公权力的监督，包括对政府的管理方式、方法、绩效的肯定或批评，对国家机关工作人员腐败的“零容忍”。2017 年全国多地现脚臭盐、2016 年山东问题疫苗事件、2012 年“表哥事件”、2011 年郭美美炫富事件等中，网民对公权力和政府相关部门的关注促使了事件快速成为热点事件。

公权力滥用事件极易构成网络舆论事件的焦点。据统计，针对党政机关和领导干部的负面新闻，三分之一来自传统媒体，报纸、电台、电视台的报道，三分之二来自互联网的爆料。② 陕西“表哥”、番禺“房叔”、顺德“房局”、深圳“房爷”作为 2012 年的“系列”网络反腐事

① 新华网网络舆情监测分析中心《以舆情治理为契机　提升社会治理能力——2016 年度社会热点事件网络舆情报告》，2017 年 1 月。

② 祝华新：《认识信息舆论传播新格局　科学引导两个舆论场》，中国共产党新闻网，http：//fanfu. people. com. cn/GB/17267643. html。

件，从网络曝光到纪委的介入，再到被查处，一方面反映出网络巨大的威力，它从信息、意见自由市场逐渐走向理性表达，政府相关部门应对和介入的积极姿态，反映出网络舆论的社会监督功能。

第三节　国外网络舆论事件研究

网络舆论对现实生活的反映、影响和渗透，使得社会事件一经网络曝光，被网民“围观”，经由传播迅速发展为全国性甚至地区、国际关注的公共舆论事件，目前已经是世界各国诸多舆论事件的一般模式。

本书选取近年来国外网络舆论事件中最具代表性和影响力的社会运动和社会事件——“阿拉伯之春”“伦敦骚乱”“占领华尔街”等事件作为研究案例。

“阿拉伯之春”：

阿拉伯之春（Arab Spring）系列事件是阿拉伯世界（北非、中东地区）所爆发的一系列民主和经济议题的社会运动。2010 年年底，突尼斯一个 26 岁的卖水果小贩为抗议警察施暴自焚，拉开了阿拉伯世界政治地震的序幕。2011 年 1 月 15 日，随着全国性的民众抗议浪潮，突尼斯总统本·阿里逃亡，其长达 24 年的强人政治终结。随后突尼斯民众的胜利迅速“传染”邻国埃及，互联网上关于游行的号召不断，响应的声音也不断。总统穆巴拉克采取“高压”的信息政策，中断互联网和手机服务，但仍在 2 月 11 日被迫下台。突尼斯的“导火索”还诱发埃及、北非、西亚乃至整个中东的社会与政治海啸，也门、阿尔及利亚、巴林、利比亚、叙利亚等多国都产生了政治动荡，并对阿拉伯世界以外的国家产生深刻影响。这一事件表现出波及的地域范围广、地区性强和自下而上的特点。从成因来看，首先是上述国家长期的经济增长缓慢，失业问题严重；其次是不同程度的政治腐败和权威体制；第三是宗派主义、人权问题以及西方势力的干涉。

伦敦骚乱：

2011 年 8 月 4 日，伦敦警察怀疑 29 岁男子马克·达根非法持有枪械，提前在街道布控拦截。双方爆发枪战，据媒体称，达根持未注册手枪朝警方射击，并打伤一名警察，随后达根身中两弹，当街死亡。此事发生后，社交网站、微博中出现了大量针对事件的讨论和充满情绪性的谣言及煽动性言论。死者家属组织示威活动，事件随即演变成骚乱，伦敦多个地区发生袭警、抢劫、纵火等案件，而在骚乱蔓延的过程中，一些社交网络和黑莓手机的用户互相通气，商讨攻击目标和通报警方动向，还有人利用群发功能大量散布鼓动骚乱的言论。这一事件被称为“伦敦骚乱”。

“占领华尔街”运动：

2011 年 9 月 17 日，上千名示威者通过互联网组织起来，聚集在美国纽约曼哈顿，试图占领华尔街，有人甚至带了帐篷，扬言要长期坚持下去。示威的目的意图是要反对美国政治的权钱交易、两党政争以及社会不公正，示威者高举标语，谴责大企业利用金钱影响政治，要求政府将更多资源投入到保障民生的项目中去，而不是补贴大企业或在海外发动战争。

2011 年 10 月 8 日，“占领华尔街”抗议活动呈现升级趋势，千余名示威者在首都华盛顿游行，这场运动逐渐成为席卷全美的群众性社会运动。在波士顿、亚特兰大、丹佛、芝加哥、洛杉矶、旧金山和匹兹堡金融区，都出现占领华尔街行动的模仿者。

自2008年华尔街因自身不负责任的行为酿成国际金融危机以来，美国社会对华尔街的非议和责难就从未平息。许多美国民众认为，政府的救援让华尔街并未因自身的贪婪而受到惩罚。如今，华尔街已恢复元气，却未能和普通民众共度时艰，反而热衷于内部分红，这使得积蓄已久的民怨最终爆发。"占领华尔街"的直接导火索正是华尔街大银行要向消费者收取更高的账户费用，从而转嫁之前通过的金融监管改革法给银行带来的成本负担。

一、网络舆论事件在国外社会运动中的作用

（一）网络技术和舆论的成熟带来政治变革"突破口"

"阿拉伯之春"在阿拉伯世界的历史上具有独特性，在对阿拉伯之春的研究中，中外研究者使用了"新媒体革命""Twitter Revolution""脸谱革命""维基革命"等关键词，以"表彰"社交媒体发挥的突出作用①，强调其所产生的社会变革效应。

纵观20世纪先后经历的民族独立运动和"民主化浪潮"，这次运动带有强烈的时代特征，网络媒体带来的全球传播背景下的传媒与政治互动性非常明显。媒体和通信范围在蔓延及发出可见的政治海啸般的振动波（从中东、北非等到不同国家、地区和全球的海岸）方面已经发

① Simon Cottle ，Media and the arab upsprings 0f2011：Researc h notes，Journalism ，2011 12：647，p. 649.

挥一种无法摆脱的作用。于是，媒体系统和通信网络以十种不同的方式被铭刻在阿拉伯起义内部并进入其展开的政治轨迹。①互联网、手机、社交媒体（尤其是脸谱网和推特）使得社会运动以极快的速度和极大的规模建立起“蓄势待发”的虚拟网络组织。

网络媒体带来了信息全球化和文化多元化，在海量迅捷的信息传播同时，文化传播带来的价值和意识形态给公众舆论提供了新的议题。从全球范围看，国际传播信息资源的布局尚不均衡，信息流向和话语权主要由掌握信息霸权的西方国家所占有。而西方的民主理念和价值观通过新闻、电影等文化产品在阿拉伯和北非地区渗透。而在电视之后，带有更大传播自由和渲染力度的新媒体在阿拉伯国家日渐发展，国际电信联盟（ITU）发布的 2011 年世界电信调查报告显示，“宽带安装费用在阿拉伯国家降低了 34.7%”“一些阿拉伯国家有较高的 ICT 发展潜力，至少能达到有相同收入的其他地区国家的水平。”② 网络的普及为公众讨论内乱、民主、改革问题的可能性，并在世界范围内制造了舆论环境，使得阿拉伯之春的网络舆论传播具备了现实基础和思想基础。

在社会事件或社会问题的发生—舆论领袖的发现—意见的发生—事实与意见的传播—意见的互动与整合—舆论的形成—舆论的传播—舆论事件的形成过程中，网络舆论危机事件的形态和生成、发展过程各有不同，但舆论危机事件在最初多表现为由一个舆论诱因形成一个舆论热点事件，产生公众大范围的关注和讨论。突尼斯 26 岁的卖水果小贩自焚，

---

① Simon Cottle , Media and the arab upsprings 0f2011：Researc h notes，Journalism ，2011 12：647，p. 649.

② International Telecommunication Union：Measuring the Information Society，2011EXECUTIVE SUMMARY，p1，http：//www. itu. int/ITU – D/ict/publications/idi/.

作为舆论热点事件是舆论危机形成和爆发的由头，它作为一段时间舆论的高频议题，具有引起关注、聚积观点和触发情感，造成群体情绪的作用。

由于网络传播的作用，舆论生成、传播的聚合和扩散的周期大大缩短，途径多样复杂化，网络舆论放大社会事件的细节和意义的功能，使得舆论事件转变为舆论危机的风险增大。突尼斯政变中的网络舆论生成和发展极好地佐证了网络舆论的危机转化过程。由于本·阿里在国内严密控制着所有的媒体，因此在国内民众抗议的初期，他不允许报道任何有关抗议游行的新闻。突尼斯国内的官方媒体，甚至将民众抗议事件定性为恐怖主义事件。本·阿里之妻在突尼斯民众陷入水深火热的经济危机之际在欧洲血拼奢侈品的视频被传到 YouTube、Facebook 上。虽然从 2005 年开始，突尼斯政府便开始审查互联网并封锁了很多政治网站及一些不利于“国内团结”的社会媒体。但这些视频的激增和转载，在网络监察员都来不及采取限制措施时产生广泛传播。Twitter 随即也迅速成为舆论的传播平台，聚集并放大了民众的愤怒，最终诱发了社会运动。

为平息持续近一个月的社会骚乱，本·阿里发表电视讲话承诺立即对国家政治和经济进行全面改革，他本人保证不参加 2014 年总统大选，立即实施“全面、彻底”的新闻自由等。① 然而排山倒海的反对和抗议非但没有停息，反而不断升级。网络舆论的“抗议功能”，“为个体提

① 《突尼斯总统本·阿里已离开突尼斯》，新华网，2011 年 1 月 15 日，http://news.xinhuanet.com/world/2011-01/15/c_12983356.htm。

供了改变他们行为的信息。"① 大规模抗议活动实时图像和最新信息从突尼斯蔓延到整个阿拉伯地区，并在世界范围内引发舆论热潮，为突尼斯民众推动政权的瓦解进行了精神支持。

（二）社会现实是网络舆论激变为政治运动的根本原因

客观而言，网络舆论在"阿拉伯之春"中起到了显著的催化作用，媒体在报道中将新媒体技术下的民众反抗运动称为"推特革命""脸谱革命"，但媒体工具是社会运动的引擎和机制并导致社会变革的论断，显然夸大了传媒的作用，媒体并不是权力的中心和变革的内因，中肯地说，网络媒体在社会变革中主要起到了动员工具和传播渠道的作用。

这场大规模的政治运动或有着深刻的政治、经济根源，同这次运动相比，同样有全程传媒参与的 2009 年伊朗示威却并没有升级为阿拉伯世界的运动，就是因为二者"从根本上来说，在社会政治结构、经济、能源、时机方面都有差异。"② 突尼斯国内动荡的政治局面和国际金融危机的影响使突尼斯年轻人的失业率高达 52%，因此，网络媒体发挥的效能与社会变革之间存在一个逻辑接点，即网络舆论平台作用。网络媒体在"阿拉伯之春"中所起的信息和舆论传播，与其他原因一起共同发挥作用。网络媒体的创新性、便捷性、互动性以及体验性等特征使得其更受年轻人的追捧。因此这次抵抗运动也可以说是一场由年轻人发起并领导的革命运动，革命的年轻参与者最初通过网络空间的传播建立起虚拟社区，进而集结在一起，确立共同信仰或目的。

---

① Sean Aday，S Aday，New Media and Conflict after the Arab Spning，Image，2012

② Gholam Khiabany：Arab Revolutions and the Iranian Uprising：Similarities and Differences Middle East，Journal of Culture and Communication 5（2012）pp 58 - 65.

因此，将网络舆论事件中的社会经济、政治和文化变量纳入对事件的分析是尤为重要的。“政治环境的性质影响公民有机会进入社会媒体的能力和他们走上街头的动机。……抗议活动的关键不是技术，而是技术如何在不同的地方共鸣。”①在评价“阿拉伯之春”这样的集体行动中社会化媒体的作用时，单一的个体事件的确经过网络媒介的传播被放大和解读为带有群体利益和心理、情感诉求的事件，但在“社会和政治需求”时期，社会环境和政治需求如何驱动公众使用媒介并投入亲身参与，是更为复杂和本质的问题。

伦敦骚乱中的关键词分析也说明了这一点。警方射杀一名男子事件是伦敦骚乱的导火索，8 月 4 日晚，警方怀疑马克·达根非法持有枪支，对其进行拦截时发生交火，达根中枪死亡。这一报道引发舆论广泛关注和热烈议论，触发了网络舆论和公众情绪的“升温”，引发了后来的舆论危机。

笔者以 youth、Mark Duggan、race 这三个伦敦骚乱中的核心词汇在 Google 趋势中进行搜索，获得了英国 2011 年及 2004—2011 年来的相关搜索量和新闻引用量的分布情况（见图 3－1、3－2）。

① Hart Cohen：From social media to social energy（εν? ργεια）：the idea of the ‘social’ in “social media”, Global Media Journal – Australian Edition V6, 2012。

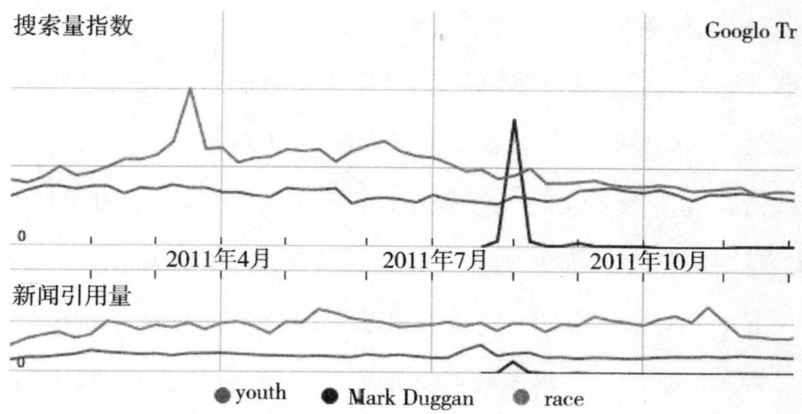

图 3-1　伦敦骚乱事件关键词搜索量指数和新闻引用量（2011 年）

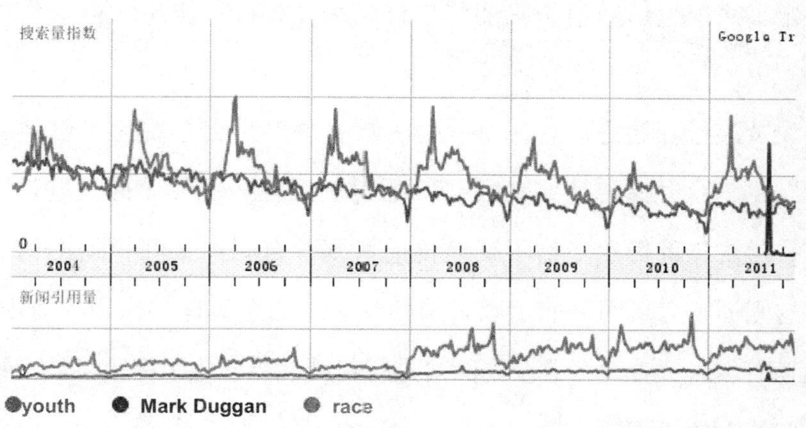

图 3-2　伦敦骚乱事件关键词搜索量指数和新闻引用量（2004—2011 年）

2011 年 8 月马克·达根被警察射杀这一事件引发了社会言论和社会情绪在短期内达到极高的峰值，形成一个舆论热点事件。这一事件的背景，则是种族和青少年问题。这两个社会性问题的关键词在英国一直是高搜索量指数词，且是新闻引用量较多的词项。

（三）网络舆论事件跨国“传染”

继突尼斯之后，埃及爆发了自1977年粮食补贴而引发的暴动以来规模最大的示威游行，全国多个城市超过20万的民众上街游行，强烈要求穆巴拉克下台。在游行过程中，Facebook和Twitter的流量暴增，“人们在同一时间，不同的地点，展开了‘突然’的示威活动。尽管政府很快下达了禁令，穆巴拉克认为果断地封锁Twitter和手机信号才能控制‘暴民’的动乱，埃及政府甚至切断了自由广场向外播出的手机信号。然而群体的传染性和扩散性经由网络空间的传播迅速达到顶峰——这些抗议行为大多是个人独立实施的。而网络空间传播的无国界性也决定了简单地切断信号只能将事件扩大化，进一步扩大群众的不满情绪。”①

埃及游行开始之后，Twitter中一则“穆巴拉克总统之子已经逃离埃及”的消息开始传播，美国CBS通过美国驻开罗使馆确认这是一则谣言，但支持者仍然坚信不疑地传递这则源自美国某阿拉伯网站的消息，这则谣言对巩固早期示威者的信念起了相当明显的作用。而埃及、利比亚对本国部分地区或全国网络进行封锁，更激化了舆论事件由线上危机向线下危机演变。

“媒体的性能必须与国家权力结构、军队作用以及有关不同社会内外的政治反对派组织相关联。”② 网络传播在不同国家的政治斗争中，除了组织动员外，社会情绪的扩散是其又一重要作用。网络媒体所需的

---

① 《埃及酝酿游行示威活动　互联网和手机通信中断》，新华网，2011年01月28日，http：//news. xinhuanet. com/world/2011 -01/28/c_ 121037013. htm。

② Simon Cottle , Media and the arab upsprings 0f2011：Researc h notes, Journalism , 2011 12：647, p. 657 -658.

较低运营成本低，即时、跨境传播能力和高度互动性，北非和中东地区长期的独裁统治，高失业率和民主改革呼声的日益强烈。这些相似的经济政治社会环境一经突尼斯的政变的催化，发生在突尼斯的自焚事件立即通过网络舆论扩散和情绪传染在埃及等阿拉伯国家迅速发展，起到极大的刺激、情绪传递、示范作用，从而引发大规模、同时性的政治运动。在半岛电视台、中东广播电视中心等后续进行报道后，更是形成舆论合力，引发地区性的社会动荡和政治革命。

（四）网络舆论场成为各类意识形态的角斗场

突尼斯“小贩自焚”事件清晰地表现出官方和民间两个舆论场意识形态和利益的矛盾冲突。而在这一内因之外，“维基解密”爆料起了重要的催化作用，2009 年 6 月的一份电文形容本·阿里家族犹如黑手党，控制着整个国家经济的方方面面，另一份 2009 年的电文描述了在本·阿里女婿的豪宅里举办的一次宴会：“罗马时期的文物随处可见；客人们享用着用私人飞机从法国南部小镇空运来的酸奶；一只宠物老虎在花园里漫游。”还有一份电文题为“突尼斯的腐败：你的就是我的”，文中称，在突尼斯，只要是总统家族成员看上，无论现金、土地、房屋甚至游艇，最终都得落入他们手中，网名“阿里”的突尼斯青年组织了 15 人的新闻组，将消息通过 Facebook 传播开来，这些信息在新媒体中迅速传播，调动起愤怒的社会情绪。①

“互联网公布加密政治信息，显示出交流和联系的力量，以及信息

---

① 《维基解密曝光突尼斯前总统腐败疑促使民众示威》，新华网，2011 年 1 月 17 日，http：//news. xinhuanet. com/mil/2011 -01/17/c_ 12986739. htm。

社会对政治利益的极大增长作用。"① 作为一种全球性、开放性的虚拟社会文化系统的出现，网络不仅为不同意识形态扩展自己的影响提供了广阔的场域，而且也为不同社会意识形态展开竞争和攻击提供了便利。尤其是在一些突发性事件中，为抢夺舆论的先发优势，进一步抢夺舆论导向权，西方国家的网络媒体更是积极推行其战略意图。在相关事件中，人们反复看到了 Facebook、Youtube 等西方网络媒体的社交和视频网站在其中所发挥的信息散布和聚合作用。阿拉伯世界较为保守和封闭的政治、文化环境与西方民主自由的价值观念产生了冲突和渗透，利比亚战争更是在国内舆情潜伏危机的情况下，一经外部舆论策动快速点燃。这次网络舆论的意识形态策反，在 2009 年 4 月发生在摩尔多瓦的"颜色革命"中同样存在。2009 年 6 月伊朗大选后局势一度动荡不稳，反对派利用 Twitter、Youtube 等社交网站传送不实信息、发泄不满、串联示威，美国认为找到了对付伊朗的有效工具。当 6 月 15 日 Twitter 要按计划进行系统维护时，白宫下令要其推迟维护时间。美国索罗斯开放社会研究所中还有专人负责研究利用互联网在"封闭社会"推动所谓"民主运动"。② "阿拉伯之春"事件表明使用新媒体是推行外交策略的有效措施，和传统的外交手段相比，通过社交网站中对一国的文化、政治观念和政策，而非强权或金钱来提高美国的软实力，是一种更为有效的做法。③ 面对持有不同政见的国家，不加批判地报道己方政府立场中

① International Telecommunication Union: Measuring the Information Society, 2011EXECUTIVESUMMARY, p. 1, http: //www. itu. int/ITU – D/ict/publications/idi/.

② 《互联网成为美国霸权主义的又一武器》，人民网，2010 年 1 月 22 日，http: //it. people. com. cn/GB/42891/42893/10825458. html。

③ William T. Colona, Social media and the advancement of america's soft power by public diplomacy, p. 2 – 3, UMI dissertation publishing.

的“春天”般的意识形态自信，是一种以网络媒介信息传播战进行的“镇压”模式。

Facebook 和 Twitter 作为舆论平台，充满了愤怒和声讨的言论，号召、组织动员示威游行的声音很快转化为现实的社会运动，民意由潜在的舆情转变为爆米花式的裂变和升级，失业、愤怒，同时善于使用新媒体的青年人充当了“阿拉伯之春”运动的“领袖”，导致了大量流血牺牲。“如果西方媒体秉持一种更加独立、审慎的态度，可以想象 2011 的‘阿拉伯之春’尽管发展速度和规模惊人，但面对日益增长的政治失望，或许有比流血牺牲、引发战争更好的解决办法。”①

二、对中国的启示

“阿拉伯之春”作为 2011 年的重大政治事件，它所带来的政治变革和社会影响意义深远。论坛、博客、微博、社交网络和手机等新媒体的使用受众与日俱增，逐渐成为强大的舆论载体，而其组织动员成本低，过程迅速，煽动性强，使社会管理的成本极大上升。虚拟或现实事件经由网络舆论的传播，进而演变为舆论危机事件，可能给整体舆论环境、社会政治、经济、文化带来颠覆性的变革，并通过社会运动、骚乱等挑战现有社会管理体系和政治体制。

---

① Simon Cottle , Media and the arab upsprings 0f2011 : Researc h notes, Journalism , 2011 12 : 647 , p. 650.

（一）网络舆论引发集体行动的成因反思

网络舆论引发集体行动的“双刃”效应是政府社会管理的敏感神经。事实上，“阿拉伯之春”这一复杂的社会事件在网络舆论视角下，所反映的主要仍是网络舆论事件中信息的聚合和扩散带来的社会动员和组织作用。这并非中东政治体制下新媒体舆论的特殊效应，同发生在英国的伦敦骚乱、印度反腐斗士引发的示威游行、美国的占领华尔街运动、俄罗斯抗议议会选举舞弊的大规模示威活动等，都是个体事件通过网络媒体的传播和整合，升级为群体性事件甚至危机事件，反映出以电脑和手机为终端的网络媒体，作为一个实时信息交流平台和舆论聚合场，为不同社会阶层、不同地域的群体传播、分享信息，发布言论，动员并组织线上或线下群体行动的功能。

在网络舆论事件中，不同阶层、人群、社区的人以网民身份进入网络，便可能通过这些传播途径建立线上社群或组织，经由沉默螺旋、议程设置、二级甚至多级传播过程形成意见领袖和主导型舆论，进而发挥社会动员甚至煽动作用。据统计，在伦敦骚乱发生后，2011 年 8 月 8 日的每 170 次互联网访问中，就有 4 次是对 Twitter 的访问。[①] 它为舆论危机事件中信息的聚合和扩散带来了极大的便利。

与传统媒体舆论传播的特点相比，网络舆论危机呈现病毒式复制和传播的特点，言论聚合和扩散极为迅速，言辞激烈而富有煽动性。在 Twitter、黑莓手机等形成的公共舆论场所中，受众从自身的立场和视角

① Wang, Yefan, The Use of Social Media within the London Riots 2011 Mapping Socio – Technical Issues, http://www.prweek.com/uk/news/1083801/PROs – defend – Twitter – British – press – blames – fanning – London – riots/.

来接受和传播信息与观点，以偏概全、断章取义、过度渲染细节的现象十分普遍。现实中的种种社会问题被投射到新媒体虚拟空间，在新媒体便利、平等、匿名性的保护下，虚拟世界的舆论极易滋生群体性愤怒情绪，在短期内获得高度的舆论支持和响应，并在多种因素的助长下演变为一场现实的事件。伦敦骚乱事件中，“网络暴民”和抢劫者通过黑莓手机、Facebook、Twitter 等社交网站联系并组织行动，一些年轻人在极短的时间内确定要洗劫的商家，并实施了洗劫行为。

互联网尤其是移动互联网的信息传播具有快速、匿名性，海量、流动的真假信息混杂，同时，网络舆论事件具有的跨地域特点，使其作为一个全球性的信息和舆论平台，承载着庞杂而多元的言论，参与者分属不同地区和阶层，形成了巨大的信息流，一旦爆发舆论危机和网络并衍生现实暴力，将会给各国的媒体和社会带来深刻而广泛的影响。伦敦骚乱事件短期内升级为英国多地的骚乱，以及同样在 2011 年的美国“占领华尔街”运动，参与者和关注者用 Twitter、短信、Facebook、上传照片等多种方式记录和传递信息及动态，使之从一个理想主义年轻人无组织的散漫街头行动，发展成包括了各年龄阶层和不同种族人士的全国性运动，并引起英国民众的效仿，都说明了这一点。

不过，社交媒体并不是“制造革命”的“新工具”或“新技术”，它的作用在于构成一种结合修辞学和同质说的形式。[①] 在“阿拉伯之春”，伦敦骚乱等事件中，正是因为抗议者使用 Twitter 等工具，“阿拉伯之春”才会在北非中东地区间快速复制，几乎缺少一般社会群体性

---

① Hart Cohen：From social media to social energy（εν? ργεια）：the idea of the “social” in “social media”，Global Media Journal – Australian Edition，V6 2012.

事件的发酵过程，表现出明显的蝴蝶效应。“推特革命”的概念是网络乌托邦和“公共领域”信仰的表现，“推特暴民”亦是悲观主义的表达——假定所有情况下互联网对社会必定有不良后果，以及假定互联网或特定平台是负面现象的原因。两者都是技术决定论的表现。① 社交媒体是“阿拉伯之春”中公众自我动员、推翻独裁统治和形成群体合力的工具。在网络舆论引发社会舆论焦点后，对事件的起因、经过、结果、利益诉求等的讨论会继而在各类媒体中进行，对舆论的发展、共识和新观点、新民意的形成产生影响，并可能对类似事件形成范本。

在历史的长河中，“某些瞬间媒体的‘庆典’式的性质，从古腾堡印刷术到互联网的通信技术发展史中都是如此。人们的社会交往所使用的通信手段随着技术的发明而改变。……在不同时代，不同地区，历史上早已有过许多的‘阿拉伯之春’——每一次社会事件有其自身独特的变革工具。”② 在社会运动和社会事件中，媒体始终作为信息终端发挥着重要的作用，但必须在社会政治经济背景和历史文化的发展中去研究和理解媒体的性质，及其在自发的集体动员行动中的作用。

（三）理性认识网络舆论和公共领域的关系

随着西方社会学理论被翻译引入中国，借助相关理论作为研究框架和研究方法解释新闻传播和舆论传播中的问题成为学术研究的潮流。如本书第二章所述，公共领域理论被大量研究作为网络媒体和网络舆论的范式，从网络舆论事件的现实来看，目前针对舆论事件套用某一理论框

---

① Christian Fuchs：Social media，riots，and revolutions，Capital & Class V36，2012.

② Hart Cohen：From social media to social energy（εν? ργεια）：the idea of the “social” in “social media”，Global Media Journal – Australian Edition，V6，2012.

架诠释事实，在庞大的理论体系中忽视经典理论的语境抽取部分意义单元作为研究的逻辑起点，存在着过于理想化的倾向。“和哈贝马斯 1964 年提出的理性、批判的争论所形成的公共领域截然不同，需要采用一个不同的框架来理解在埃及革命中的公共意见。看似普通的表达和理解确实产生了显著的后果：如果没有（网络对舆论的作用）过程，“阿拉伯之春”难以发生。毕竟，革命要想在各种程度上挑战国家这类实体的一致性和组织性，需要协作行动，才能形成 2011 年突尼斯、埃及、利比亚、巴林和也门这样相对自发的社会运动。”① 网络为公众舆论的生成和传播提供了集体商议和共同叙事的技术便利，并在一定程度上将孤立的自我意识聚合并放大为群体的合议。

一些对“阿拉伯之春”及一些网络舆论事件的研究把网络传播形成的公共空间过度诠释为公共领域和公民社会，将网络的技术优势作为公民社会、公共领域产生的充要条件，本书认为，这是过度乐观的理论“嫁接”。媒介技术毋庸置疑为公众舆论的形成和传播提供了载体，但公众舆论的本质内涵仍然是有效传播和深度交流，科学技术无法直接、自动地生产“public”和“opinion”，并完成人内、人际、组织、群体和大众传播过程。也正是在这个意义上，如第二章公共领域的理论评析所述，争论网络媒介是否实践了哈贝马斯的公共领域所应具备的效能最后要落脚于考量在网络舆论实践中，网络传播中的具体传播者和受众是否具备思辨、批判的公民意识。

法国社会学家丹尼尔·戴扬（Daniel Dayan）从参与意愿和行动去

① TAPAS RAY：The ‘story’ of digital excess in revolutions of the ArabSpring , Journal of Media Practice Volume 12 Number 2.

定义“公众”，对于这个问题做出了很好的补充解释：第一，公众是一种社会群体，它具有社会交往性（sociability），并显示一定的稳定性。第二，公众认真对待内部讨论，并由这种讨论而形成。第三，公众具有公开展示自己的能力，每个具体的公众都在这种公开的“自我表现”的过程中确立与其他公众的关系和自己的特殊性。第四，公众在公开的自我表现中表明对某些价值的认同，对某种共同理念或世界观有所追求。特定公众的成员因这些共同性的认同、理念或价值观形成公众群体。第五，公众有将个人性质的审美“趣味”转化为公共性质的社会“要求”的能力。第六，公众具有自我意识和自我审视能力。①

（三）对利益诉求的积极回应是避免暴力冲突的关键

基于第二章对群体性事件、社会运动、集体行动的探讨，从“阿拉伯之春”事件的发生和影响来看，虽然与中国的国情有巨大差别，但其反映出的网络舆论生成传播原理是一致的。通过对国外事件的研究，结合我国舆论热点事件及其中的群体冲突事件，笔者认为，避免群体性事件上升为恶性暴力事件，根源在于正视和回应其中的利益诉求。

“2011 年以来，美国政府、智库和研究机构都开始关注中国的新媒体，特别是微博的发展。4 月，由美中关系全国委员会支持的中国新媒体研究报告指出，中国的新媒体将会对现有社会信息传递方式、社会权力结构和集体行动动员模式产生深刻影响，其中微博的影响力将表现得最为直接。作为世界第一大手机用户拥有国，中国社会在信息传播方面

① Daniel Dayan：The Peculiar Public of Television，Media Culture Society，Vol. 23：743 - 765 .

将面临着诸多不确定性，这将会对中国现有的社会管理体系提出挑战。"① 从前文对几年来舆论热点事件的分析可知，我国当前群体性事件所涉及的社会领域主要是环境污染、征地补偿、社会保障等关系民生敏感问题的领域。从事件发生的过程来看，作为社会困难群体事件主体表达的主要还是生存、发展和公平等诉求，"个体事件"上升为"舆论事件"继而转化为"集体行为"往往是因为带有共同性的利益诉求通过正常法律和制度渠道难以得到解决，或政府部门和媒体"失语"导致的激化。

网络舆论事件并不必然地引发社会运动和变革，难以从某一事件得到普适规律和结论。社会运动和变革是历史现实综合复杂作用的结果。"阿拉伯之春"无疑反映出一种制度实例："试图切断网络或用严苛的审查来抑制互联网上的图像和信息流，或监控电信，通过威胁干扰外国记者的工作，针对特定的外国新闻机构，或者干脆简单粗暴地拒绝新闻记者签证进入一个国家的做法"②，网络传播主体迅速扩大化、诉求复杂化，表达方式却缺乏理性，行为带有破坏性和不可控的极端性的网络传播特征中，以简单粗暴的行为无疑激发了颠覆性的社会情绪。本质上，群体性事件、舆论事件与社会变革逻辑上的关系仍在于传媒在反映社会矛盾和社会问题，联系外部世界与我们头脑中的景象，以及推进社会问题的解决中，体现出媒介最基本的社会功能。社会事件和社会运动在任何传媒技术条件的社会下都可能对社会发展起到催化作用，但媒介

① 王侃：《新媒体、微博与中国工人集体行动》，《中国工人》，2012 年第 1 期。
② Simon Cottle , Media and the arab upsprings 0f2011 : Researc h notes, Journalism , 2011 12 : 647 , p. 652.

作为整个社会系统中的一个子系统，其意识形态属性和内部机制非常复杂，加之外部其他社会子系统的有机相互作用，需要谨慎地判断因其技术形态变迁及内容、话语权等对社会变迁的作用，以更为宏观的视角估计判断事件的偶然性和整体社会环境的复杂性，以及网络舆论事件的国别、地区性问题。

由于我国群体性事件大多不具有强烈的政治性和反社会性，因此总体上对暴力的使用并不来源于事件发起者的初衷，而是“一种由于事件行为主体构成不断变化和行为主体与外界环境动态交互所形成的复杂的演化结果。”① 然而在网络舆论事件发展过程中，如果群体的利益诉求仍不能得到满足，则会增大破坏性行为的可能性。因此，对于群体性事件的理性认识，将其区别于“闹事”，政府和主流媒体进行积极回应和引导是防止事态恶化和走向暴力极端方向的理性做法。

（四）重视智能手机在网络舆论事件中的“移动互联”作用

智能手机技术的成熟，带来网络传播样态的进一步多元化。高清拍摄（“随拍随传”）功能、卫星定位（如“寻找附近的人”）功能及更为丰富的客户端应用（如更适合移动中人际传播的语音聊天工具微信、“摇一摇”找到共同点匹配的对象和组群）等，都为舆论“策源地”更好地发挥消息源作用，在集散地建立“圈子”和组织，在“放大器”中挖掘细节、“搜索拼图”出事实全貌，为更大范围、更大影响的网络舆论出现提供了人群资源、技术资源。在伦敦骚乱中，作为可以在同品牌手机之间免费发布并建立群组的即时通信服务，黑莓手机的“黑莓

① 宋宝安、于天琪：《我国群体性事件的根源与影响》，《吉林大学社会科学学报》，2010 年第 5 期。

信使”功能还可以实现在联系特定的个人或整个联系人列表的过程中加密，和普通短信相比消息来源、内容更为隐蔽。这一点成为2011年6月伦敦骚乱中参与者能够彼此呼应和联系，快速反应，通风报信的重要原因。

托特纳姆的马克·杜根的死讯在Facebook上曝光后，很快人们便在网上聚集和哀悼，并发誓要报仇，超过7500名支持者迅速发起行动。星期六晚上，第一次抗议活动在警察局外持续了五个多小时。

晚上10时45分，抗议者点燃了一辆双层巴士，并在网上发布：“请上传任何图片或视频，你可以从今晚的消息中和人们分享骚乱是如何发生的。

然而，在Facebook上没有任何迹象表明和平的抗议将升级，在Twitter上也只是稍有暗示：企图针对“星期日哈克尼嘉年华”的骚乱活动被警方发现并取消。

伦敦警察厅在星期一下午警告那些“煽动暴力”的人，社交网站上的140个字符并不能逍遥法外。副助理专员斯蒂芬·卡瓦纳对网站上参与抢劫和骚乱人员的确认，是整个伦敦骚乱调查的一个重要部分。

然而，最有效和最即时的骚乱号召和组织发生在更为隐蔽的社交网络：黑莓Messenger（BBM）中。

在英国，37%的黑莓智能手机使用者是青少年，根据上周Ofcom的研究，BBM允许用户使用“BBM PIN码连接网络”一对多地发送组群信息。对于许多青少年用户而言，BBM已经取代短信，因为它是免费，并且，相比普通短信，它建立起了一个更大的社区。

同时，和Twitter、Facebook相比，BBM的匿名消息难以被当局追踪，这是它备受青睐的原因，用它能更安全地传播关于官方的谣言。

上周日，已被《卫报》诸多信息源所证实，BBM 上发出了一个“大家从伦敦的四面八方到牛津街捣毁商店”的号召。

“大家从四面八方聚集到伦敦的心脏——牛津广场来吧！让我们捣毁商店，免费拿东西！我们来给该死的联邦调查局制造一起骚乱！所以如果你看到阻挡的人，攻击他！如果你看到一个警察就开枪！

周日下午在恩菲尔德的另一场暴乱中，号召者写道：“埃德蒙顿恩菲尔德的人们，4 点钟快速集合，在镇子北部见！”①

2011 年发生在美国的占领华尔街事件中，应用于智能手机的新程序“Vibe”被称为是“举行集会的完美工具”，也充分表现出智能手机在舆论传播中的移动互联和舆论造势功能。

这个手机应用程序无须注册，并能自行设置信息保留时间——15 分钟、1 小时、1 天、7 天或者永远。设定时间一到，信息自动删除。警方也就无法辨识发送者的身份。用户可以选择信息传递和共享的距离。“私语”（whisper）信息只能发送给距离自己 150 英尺的手机用户；“说话”（speak）的范围是 1500 英尺；“大叫”（shout）是 3 英里；“吹哨子”（whistle）是 30 英里；“号叫”（yell）是 300 英里；“咆哮”（bellow）则能发送至全世界。② 通过短信、彩信或 WAP 构建的手机报、手机广播、手机电视以及手机网站与智能手机的各种程序和客户端，即时通信软件、社交网络客户端、新闻客户端、微博客户端等具体

① Josh Halliday：London riots：how BlackBerry Messenger played a key role，guardian. co. uk，Monday 8 August 2011 12. 24 BST.

② 《愤怒的小鸟——从“阿拉伯之春”到“美国之秋”》，美国中文网，2011 年 10 月 10 日，http：//www. sinovision. net/portal. php？ mod = view&aid = 188592。

的多样化渠道传递信息、传播舆论。

2012 年 6 月，手机首次超越台式电脑成为第一大上网终端，中国的网民增长空间开始向中老年人群转移,① 庞大的新媒体使用人群到达上升的平缓期后，对上网终端的选择出现了新的变化。截至 2017 年 12 月，中国手机网民达到 7. 35 亿，其第一大上网终端的地位更加稳固。

随着通信技术的发展，多媒体和人性化程度越来越高，多媒体化的图文信息、视听资料和链接等形式进一步丰富了舆论的传播形态。手机这种便携、即时、高到达率的“体温”媒体终端已经表现出强大的传播优势。在“阿拉伯之春”事件中，对于突尼斯和埃及等国家，“媒体在重建文明社会和民主化进程步伐中产生了深远的意义。这要求重新修订媒体的监管和治理制度系统,② 使之与技术、社会发展的趋势相适应。当前，中国社会进入“网媒聚光灯和大众麦克风”时代，智能手机带来的移动互联传播模式产生的舆论事件的策源地、思想文化信息的集散地、社会舆论的放大器功能，给舆论引导工作带来了新的考验。

第四节　我国网络舆论引导面临的挑战和机遇

美国当代法哲学家桑斯坦的“群体极化”理论认为，“团体成员一开始即有某些偏向，在商议后，人们朝偏向的方向继续移动，最后形成

---

① 中国互联网信息中心（CNNC）：《第 30 次中国互联网络发展状况统计报告》。

② Simon Cottle , Media and the arab upsprings 0f2011：Researc h notes，Journalism ，2011 12：647，p. 657.

极端的观点。在网络和新的传播技术的领域里，志同道合的团体会彼此进行沟通讨论，到最后他们的想法和原先一样，只是形式上变得更极端了。”① 伦敦骚乱事件中，媒体对“警方射杀一名男子”的报道中，提及了名叫马克·达根的29岁的男子身上的“非洲裔”“4个孩子的父亲”等信息，这些敏感词汇在信息传播第一时间先入为主的情况下，更是转变为极端言论和意见，并不断在舆论场中获得影响力和关注度的提升，成为强势的煽动性舆论，对此附和人数逐渐增多，形成舆论危机。危机信息在社交媒体和手机中激发抱怨、鼓动言论，并在与其他观点的博弈中获得强势地位，导致负面意见不断扩散，最终成为主要意见，进一步推进并扩散为对社会不公平、社区贫困化、青少年高失业率、金融危机等领域诸多社会问题的非理性社会舆论，越来越多的公众被卷入骚乱前的“舆论波”之中。

舆论危机由虚拟空间的群体极化往往转化为现实中的极化事件。伦敦骚乱由舆论危机演变为现实危机的过程中，被射杀男子的亲友质疑警方的行动而组织小规模和平示威，一些当地人也参与进来，“有目击者称达根被迫面朝下躺在地面时被警察射杀”的说法开始流传。随后，数百人组织了抗议示威活动，又曝出“少女被数十警察殴打致死”的说法，事态开始升级。一些骚乱参与者开始组织暴乱活动，并在社交网络和微博中“炫耀”抢劫和破坏的“成果”。斯坦福大学心理学家詹巴斗所提出的“破窗效应”认为，如果有人打烂了一个建筑物的窗户玻璃，而这扇窗户又得不到及时维修，别人就可能受到某些暗示性的纵容

---

① 转引自张磊主编：《和谐社会、公民社会与大众媒介》，中国传媒大学出版社2009年版，第194页。

去打烂更多的窗户玻璃。久而久之，这些破窗户就给人造成一种无序的感觉。最后，在这种具有强烈暗示性的氛围中，攻击性的行为就会逐渐滋生，甚至成为一种值得炫耀的行动。① 危机爆发后形成了明显的“破窗效应”，参与者之一布莱克肖在Facebook上设立了一个“砸碎诺斯威奇镇”的群组活动。这个群组标明的具体活动时间是在英国夏日时8月9日13点至16点之间，地点在诺斯威奇市中心的麦当劳餐厅后面，还呼吁人们在当地时间8月10日19点至22点之间“暴动”，② 引发大量追随和参与者。类似的活动层出不穷，传染和效仿带来大范围的骚乱，从8月6日开始，直到8月11日平息，从伦敦托特纳姆区蔓延至伯明翰、利物浦、布里斯托尔等地区，升级为“英国骚乱”。不超20岁的青少年占到骚乱参与者的70%，他们在新媒体舆论场中，被“团结起来走上街道”“去拿免费的东西”等言论所鼓动，最终将不满和愤怒转化为参与现实暴力活动。骚乱进而扩大化，升级为“英国骚乱”。英国广播公司（BBC News）2011年8月10日对于伦敦骚乱的相关报道《英格兰一些城市的骚乱》回帖量达到了2146条，③ 种族、移民、青少年、就业等问题均是骚乱中的舆论议题，并成为英国各地多起暴力事件的口号。

“现代性孕育着稳定，而现代化过程却滋生着动乱。”④ 从世界发达

① 赵丹：《网络舆论危机与“六种效应”化解》，《中州学刊》，2010年第5期。

② 《两名英国青年因网上组织、煽动骚乱获刑4年》，中国新闻网，http：//www.chinanews.com/gj/2011/08-17/3264275.shtml。

③ BBCNews，“UK riots：Trouble erupts in Englishcities”，http：//www.bbc.co.uk/news/uk-england-london-14460554.

④ 塞缪尔·P. 亨廷顿：《变化社会中的政治秩序》，上海人民出版社2008年版，第38页。

国家的社会发展过程来看，社会矛盾和公民争取权利的集体行动是现代化过程的必经之路。我国当前的网络舆论事件是社会转型期内面对社会矛盾民意的集中反映。正确认识网络舆论事件、群体性事件，从法制建设、体制改革的层面进行积极建设，防止相关的负面事件对经济发展、社会秩序的侵害和社会矛盾的放大，是网络舆论引导机制建设的关键。

在网络出现前，媒体格局与国家行政级别的结构，各级党报主要是喉舌和宣传职能，在媒体和舆论格局中，党报占据中心地位。随着新的传播技术和媒介的出现以及传媒业的市场化、集团化等改革与发展，报纸、广播、电视“三分天下”的传统媒体格局被打破，受众的媒体使用分流，对传统主流媒体的舆论引导的权威地位产生挑战。在报纸、广播、电视以及基于网络传播的各种媒介形式等多媒体并存的媒介环境中，庞杂的社会舆论和信息海洋对各类媒体进行及时、广泛、有效而理性的引导都带来了挑战。

全球传播时代的到来，使得美国等西方国家通过互联网进行意识形态渗透的途径和方式更为隐蔽和多样，给我国的国家安全和意识形态安全问题带来新的挑战，而与此同时，网络舆论引导也具备了历史性的机遇。

首先，传统媒体依然主导着社会舆论引导活动，党报党刊、广播电视完善的各级网络，多年的舆论引导经验和能力，使之在当前我国完善舆论引导格局、创新舆论引导机制方面发挥着新媒体所不可比拟的作用，其影响持久而深刻。

同时，新媒体的媒体形式、媒体功能不断拓展，在舆论引导，尤其是在一些重大突发事件的舆论引导上起到的独特作用，正在使当前社会舆论环境和舆论格局发生深刻变化。随着媒体形态的演进，各种媒体在舆论引导中的分化和组合，成为舆论引导“1 加 1 大于 2”的优势互补效能。

第三，中央连续多年的政策导向越来越重视新闻传媒实现良好的文化教育和舆论引导功能。党的十九大报告明确提出要“坚持正确舆论导向，高度重视传播手段建设和创新，提高新闻舆论传播力、引导力、影响力、公信力。加强互联网内容建设，建立网络综合治理体系，营造清朗的网络空间。”① 网络媒体在社会转型中承担着新闻传播和促进经济发展、政治文明、文化繁荣、社会全面发展的历史使命。

① 习近平：《决胜全面建成小康社会　夺取新时代中国特色社会主义伟大胜利》，人民出版社 2017 年版，第 42 页。

第四章

中国网络舆论引导现行机制

在我国，网络舆论相关法律法规、政府机构、媒体、行业协会和社会组织等相互联系、相互补充，构成了当前网络舆论引导的现行机制。

第一节　网络舆论引导的相关法律法规

互联网作为当今社会信息传播的重要渠道，涉及广泛的行业领域，它与其他行业的明显差异在于其内容所具有的意识形态属性。有关网络舆论引导的相关法律法规的发展主要经历了下面几个阶段。

一、相关法律法规的发展

（一）互联网信息安全的相关法律法规

20 世纪 90 年代，我国对于互联网的管理主要在计算机系统和信息安全方面。

1994 年 2 月 18 日，国务院第 147 号令发布《中华人民共和国计算机信息系统安全保护条例》，对计算机信息系统安全等级保护制度和危害计算机信息系统安全的行为进行了规定。

1997 年 12 月 16 日，国务院批准《计算机信息网络国际联网安全保护管理办法》，规定严格禁止利用国际联网危害国家安全、传播不良信息和进行计算机网络系统攻击等行为，对违反规定者明确了处罚措施。

（二）网络新闻和信息内容的规定与综合管理的提出

随着我国计算机信息技术的发展和日益成熟，21 世纪初，对网络信息内容的传播规定成为立法的重点，2000 年我国的相关法规呈现“井喷”之势，国务院、全国人大等都对针对网络信息传播内容进行了规定，并提出综合管理的思路。

2000 年 9 月 25 日，国务院公布《互联网信息服务管理办法》，对网络传播内容提出一些限制性规定。

同日，国务院第 291 号令公布实施《中华人民共和国电信条例》，其第五十七条对网络传播中可能造成的违法内容进行了明确的规定：任何组织或者个人不得利用电信网络制作、复制、发布、传播含有下列内容的信息：（一）反对宪法所确定的基本原则的；（二）危害国家安全，泄露国家秘密，颠覆国家政权，破坏国家统一的；（三）损害国家荣誉和利益的；（四）煽动民族仇恨、民族歧视，破坏民族团结的；（五）破坏国家宗教政策，宣扬邪教和封建迷信的；（六）散布谣言，扰乱社会秩序，破坏社会稳定的；（七）散布淫秽、色情、赌博、暴力、凶杀、恐怖或者教唆犯罪的；（八）侮辱或者诽谤他人，侵害他人合法权益的；（九）含有法律、行政法规禁止的其他内容的。

11 月 7 日，国务院新闻办公室、信息产业部发布《互联网站从事登载新闻业务管理暂行规定》，对我国网络新闻的管理主体进行了规定，并对各级各类网站的新闻发布权限进行了较为细致的说明。

12 月 28 日，全国人民代表大会常务委员会第十九次会议通过《关于维护互联网安全的决定》，强调司法机关和有关政府机关、主管部门要依法履行职责，网络公司要依法经营，要动员全社会的力量，对互联网进行综合管理。

（三）网络新闻和文化产品的细化管理规定出台

2002 年到 2006 年，随着网络文化的发展，多项针对新闻、出版等文化产品内容、服务商、著作权的管理规定出台，网络管理表现出行业、渠道的分类和细化。

2002 年 8 月 1 日，新闻出版总署和工信部（原信产部）联合颁布《互联网出版管理暂行规定》，要求互联网出版内容不得含有违反社会公德和违法犯罪行为的内容。

2003 年 7 月 1 日，文化部发布《互联网文化管理暂行规定》，把网络游戏、音像制品在线销售、网上点播、网上艺术品拍卖等新兴的文化生活方式纳入规范管理范畴。

2004 年 7 月 6 日，国家广电总局发布《互联网等信息网络传播视听节目管理办法》，确定对从事信息网络传播视听节目业务实行许可制度，确定国家广电总局负责全国互联网等信息网络传播视听节目的管理工作，县级以上地方广播电视行政部门负责本辖区内互联网等信息网络传播视听节目的管理工作。

2005 年 9 月 25 日，国务院新闻办、工信部（原信产部）联合发布

《互联网新闻信息服务管理规定》，对互联网新闻信息服务单位从事互联网新闻信息服务的相关行为进行了规范。

次日，工信部（原信产部）发布《关于进一步加强移动通信网络不良信息传播治理的通知》，对移动通信网络的信息传播提出治理意见。

2006年5月18日，国务院颁布《信息网络传播权保护条例》，规范了信息网络引发的著作权法律问题。

（四）政府主体舆论引导的法律规范等的出台

2007年，与网络舆论引导相关的两部重要法律规范出台，对政府作为舆论引导的主体所应承担的信息公开和突发事件通报进行了明确规定，其重要意义在于厘清了舆论引导主体的责任和义务及对不作为的惩处。

2007年，中华人民共和国国务院令第492号公布的《中华人民共和国政府信息公开条例》，明确了必须以常态进行公开的政府信息和特例，以及必须公开/不公开的问题，将政府新闻发布的范围和新闻媒体公开报道的界限做了明确的法律界定。

2007年，中国人民共和国主席令第69号公布的《中华人民共和国突发事件应对法》，把我国近年来在突发公共事件新闻处置中取得的重大进步法律化，要求各级政府和政府部门及时、准确、客观、统一地发布有关突发事件的新闻信息，对于迟报、漏报、谎报、瞒报要追究相关责任。

2007年，公安部等四部委下发《信息安全等级保护管理办法》对信息安全等级保护设定管理规范．对信息系统中涉及国家安全、社会稳定和公共利益的相关内容予以保护。

2007年，国家广电总局、信息产业部联合发布《互联网视听节目服务管理规定》，规定国家广电总局和信息产业部在互联网视听节目服务管理中的各自职责，详细规定从事互联网视听节目服务的规范行为，进一步规范互联网视听节目服务秩序。

针对利用网络传播淫秽内容等问题，最高人民法院、最高人民检察院又于2010年2月2日出台了《关于办理利用互联网、移动通讯终端、声讯台制作、复制、出版、贩卖、传播淫秽电子信息刑事案件具体应用法律若干问题的解释（二）》。其他政府部门也陆续出台了相关措施以进一步保障网络内容的健康。

2011年9月1日，最高人民检察院发布《关于办理危害计算机信息系统安全刑事案件应用法律若干问题的解释》，对之前较为模糊的黑客犯罪的刑事责任予以了划定。

（五）微博的相关规定与“实名制”的推行

2011年12月16日，由北京市人民政府新闻办公室、市公安局、市通信管理局和市互联网信息办公室共同制定的《北京市微博客发展管理若干规定》发布，要求任何组织或者个人注册微博客账号，应当使用真实身份信息；网站开展微博客服务，应当保证注册用户信息真实。12月22日起，广州、深圳市的腾讯网、金羊网、大洋网、深圳新闻网、奥一网以及嘀咕网、饭否网等7家开展微博客业务的主要网站开始实行微博客用户使用真实身份信息注册。由此，实名制在微博客领域全面推行，截至2012年12月30日，已有超过2亿用户完成了真实身份信息注册。

（六）个人网络信息保护立法与网站“实名”管理的提出

2012年12月28日，第十一届全国人民代表大会常务委员会第三十次会议通过《全国人民代表大会常务委员会关于加强网络信息保护的决定》（简称《决定》），对网络诈骗、倒卖公民信息，在网络上散布谣言等危害国家利益的现象进行了界定。

这一决定为加强网络信息保护提供了法律依据，是贯彻落实党的十八大关于加强网络社会管理，对目前网络发展中薄弱环节推进网络依法规范有序运行要求的重要举措，对网络身份管理以及网络服务提供者和网络用户的义务与责任、政府有关部门的监管职责等作出了明确规定，体现了管理与发展相协调、规范与保护相统一、权利与义务相一致的原则，兼顾了个人、网络服务提供者和政府等相关主体的权责关系。

在网络舆论引导方面，决定中指出“网络服务提供者应当加强对其用户发布的信息的管理，发现法律、法规禁止发布或者传输的信息的，应当立即停止传输该信息，采取消除等处置措施，保存有关记录，并向有关主管部门报告”“网络服务提供者为用户办理网站接入服务，办理固定电话、移动电话等入网手续，或者为用户提供信息发布服务，应当在与用户签订协议或者确认提供服务时，要求用户提供真实身份信息”，明确对媒体作为引导主体的责任进行了规定。

除了一般性惩罚外，《决定》提出对违反情况“记入社会信用档案并予以公布”，通过社会力量倡导自律和他律，具有积极的意义，将进一步促进我国互联网健康有序发展。不过，网络信息涉及多个部门，实施主体、对象、方式方法等问题还都有待解释和细化。

（七）网络主管部门一系列规范性文件出台

2014 年 8 月 26 日，国务院授权重新组建国家互联网信息办公室负责全国互联网信息内容管理和监督管理执法工作。国家网信办陆续发布《即时通信工具公众信息服务发展管理暂行规定》（简称《微信十条》）、《互联网用户账户名称管理规定》（简称《账号十条》）、《互联网新闻信息服务单位约谈工作规定》（简称《约谈十条》）等法规条例，对规范互联网从业者和网民行为发挥了积极作用。

近年来，针对各类网络服务平台的不同特点，国家网信办还先后出台《互联网直播服务管理规定》《互联网论坛社区服务管理规定》《互联网跟帖评论服务管理规定》《互联网群组信息服务管理规定》《微博客信息服务管理规定》等一系列规范性文件，对直播平台、论坛社区、跟帖评论、群组信息及微博平台的服务主体资质、用户注册、信息发布等方面进行了管理和规制，对于净化新兴媒体舆论空间发挥了重要作用。

2017 年 6 月 1 日，《网络安全法》开始施行，在法律层面为网络治理和舆论引导奠定了基础。同日，《互联网新闻信息服务管理规定》开始施行，标志着互联网新闻领域法规建设不断健全，在保护互联网新闻信息服务单位的合法权益的同时，也规定了其责任和义务，对促进互联网新闻信息服务行业健康、有序发展具有重要意义。2017 年，国家网信办还先后出台《互联网新闻信息服务新技术新应用安全评估管理规定》《互联网新闻信息服务单位内容管理从业人员管理办法》，不仅在技术和应用程序层面对网络安全评估管理制度和保障制度进行了规范，并对互联网新闻信息服务单位和内容管理从业人员等主体的行为进行体系化的规范管理，体现出我国对网络舆论“发展与管理并重”的深刻认识，为“营造清朗的网络空间”提供了保障。

二、相关法律法规的特点

从法律法规制定主体来看，随着我国互联网的发展及其社会效应的凸显，党和政府从中央到地方对互联网管理都逐渐重视，相关的法律法规数量逐渐增多；从法律法规的层级来看，主要由国务院法规、相关部委颁布的部门规章、主管网络内容的国家网信办、主管网上音视频的国家广播电视总局颁布的一系列规范性文件，以及部分省区颁布的地方性规定等构成；从法律法规的具体实施部门来看，互联网法律法规体系呈现出电信部门纵向管理和相关行业横向管理相结合的样态。

总体而言，目前我国法律法规中对互联网信息安全、内容管理和舆论引导的法条和表述较多，除已经出台的《网络安全法》外，其他相关管理规定比较分散，不同的法规间存在一定的交叉的情况，现行法律法规对网络舆论的传播起到了有效的管理作用，但面对网络舆论传播中层出不穷新动向和新领域，法律法规层面的舆论引导机制建设正在酝酿之中。当前，网络舆论与社会舆论的重合度和互动性已经非常明显，公民通过网络进行言论表达的使用习惯和心理依赖逐渐形成。互联网既是国家基础设施建设的对象，也是精神文明、文化发展的阵地。网络舆论对互联网的安全、有序发展的作用不容小觑，对极具隐蔽性、流动性和复杂性的网络舆论引导工作进行相关立法亟待推进，未来网络立法的趋势和原则是既要符合中国国情，又要符合国际惯例，相关法律法规的不断完善将对互联网上“人类命运共同体”的构建发挥奠基性作用。

第二节　党和政府的网络舆论引导体系

在我国，中央及地方各级宣传、新闻出版、广播影视等党政主管机关是我国新闻管理工作的主体，也同时承担着舆论引导工作的职责，发挥着主导作用。在新媒体时代，面对社会转型过程中频发的突发事件、公共事件、群体性事件时，如何进行网络舆论引导，成为考验政府执政能力，塑造良好政府形象的重要标准之一。

舆论引导是政府社会管理的一个部分，网络舆论的特性使得中国特色的网络舆论管理虽然以行政性管理为主要方式，但具有明显的“软管理”特点。党和政府作为社会舆论引导的主导，当前对网络舆论的引导和管理主要表现在原则设立、机构设立等方面，形成了舆论引导的体系。

一、党和政府对网络舆论引导的主要原则

（一）党性原则及其时代发展

1. 党性原则的内涵

“唯物主义本质有所谓的党性，要求对事变作出任何估计时都必须直率而公开地站到一定社会集团的立场上。”① 党性原则是中国共产党领导下我国新闻舆论引导的最高原则，是马克思主义新闻观对马克思主义政党在新闻宣传活动中的立场。

---

① 《列宁全集》第 1 卷，人民出版社 1984 年版，第 363 页。

舆论引导所应遵循的党性原则的内涵是：以科学社会主义（即马克思主义）的世界观观察世界，对客观事件做出科学解释；正确宣传和贯彻、执行党的方针政策；人民利益高于一切，全心全意为人民服务；坚持真理，坚持真实性，不说假话；坚定地同一切错误的和反动的思想进行斗争，而不是退缩与调和；服从党的组织领导，具有组织纪律性。①

在我国，舆论引导工作是党的整个事业的重要组成部分，是加强党的执政能力建设的重要环节，因此舆论引导具有鲜明的党性，包括网络在内的各类媒体都要以坚持共产党的领导，以马列主义、毛泽东思想、邓小平理论、“三个代表”重要思想、科学发展观和习近平新时代中国特色社会主义思想为舆论引导的前提。

2. 党性原则的历史发展和时代内涵

随着社会发展和民主政治建设的推进，我国舆论引导的党性原则的内涵不断丰富，从新闻宣传工作向新闻舆论工作逐渐发展，强调党性与人民性的统一。

（1）党性原则与舆论一律。1942 年 9 月，毛泽东提出“抓紧对通讯社及报纸的领导，务使通讯社及报纸的宣传完全符合于党的政策，务使我们的宣传增强党性”，“通讯社及报社的新闻政策及社论方针，分局必须经常注意，加以掌握，使我们的宣传完全符合于党的政策”②。1957 年 3 月 10 日，毛泽东在《同新闻出版界代表的谈话》中指出：

---

① 甘惜分：《新闻学大辞典》，河南出版社 1993 年版，第 12 页。

② 《毛泽东新闻工作文选》，新华出版社 1983 年版，第 97－98 页。

"在阶级消灭之前，不管通讯社或报纸的新闻，都有阶级性。①1955年毛泽东提出的"舆论一律"和"舆论不一律"的观点是对舆论引导结果的总结性认识。他从矛盾的对立统一提出"舆论一律"是人民群众克服矛盾时达成的共识，克服"舆论不一律"要"在人民内部，允许先进的人们和落后的人们自由利用我们的报刊、刊物、讲坛等等去竞赛，以期由先进的人们以民主和说服的方法去教育落后的人们，克服落后的思想和制度。"②1981年中共中央下发《中共中央关于当前报刊新闻广播宣传方针的决定》，指出"报刊、新闻、广播、电视是党的舆论机关，要加强组织纪律性。必须无条件地同中央保持政治上的一致，不允许发表与中国的路线、方针、政策相违背的言论。必须接受和服从党的领导，凡是涉及党的路线、方针、政策以及重大政治性的理论问题，对外必须统一于党中央的决定和口径，与党中央保持一致，不得各行其是。"③

（2）党性原则与舆论环境要为经济建设服务。为经济建设创造安定团结的舆论环境是改革开放后党的舆论引导工作的重要任务。1980年1月，邓小平提出"为了实现安定团结，……我们党的报刊成为全国安定团结的思想上的中心。报刊、广播、电视都要把促进安定团结，提高青年的社会主义觉悟，作为自己的一项经常性的、基本的任务。""党报党刊一定要无条件地宣传党的主张。对党的工作中的缺点和错误，党员当然有权利进行批评，但是这种批评应该是建设性的批评，应

---

① 《毛泽东新闻工作文选》，新华出版社1983年版，第191页。

② 毛泽东：《驳"舆论一律"》，转引自陈力丹：《马克思主义新闻观体系》，中国人民大学出版社2006年版，第602页。

③ 新华社新闻研究所编：《新闻工作文献选编》，新华出版社1990年版，第52页。

该提出积极的改进意见。……在什么范围讨论，用什么形式讨论，要合乎党的原则，遵守党的决定。”①

（3）党性原则与舆论导向。江泽民提出“坚持党性原则，就要求新闻宣传在政治上必须同党中央保持一致。各级党报要这样，部门的和专业性的报纸也要这样。”他在1989年11月28日在全国新闻工作研讨班的讲话中强调：“我们的新闻工作是党的整个事业的一个重要组成部分。因此，不言而喻，必须坚持党性原则。”② 在1994年召开的全国宣传思想工作会议上，江泽民就提出要“以正确的舆论引导人”和“弘扬主旋律”的思想，指出了新闻媒介的主要任务和特征。1996年9月26日，江泽民在视察人民日报社时进一步强调了舆论导向的极端重要性。并强调新闻舆论要坚持党性原则，“舆论导向正确，是党和人民之福；舆论导向错误，是党和人民之祸。”③

（4）党性原则与舆论规律。胡锦涛提出新闻舆论的党性原则同尊重舆论宣传的规律相结合，讲求舆论宣传的艺术，目的在于提高舆论宣传的实效性。他认为，一方面，新闻媒体是党和人民的喉舌，一定要坚持新闻工作的党性原则，坚持团结鼓劲、正面宣传为主的方针，牢牢把握正确的舆论导向，努力营造昂扬向上、团结奋进、开拓创新的良好氛围；另一方面，又强调要尊重舆论宣传的规律，讲究舆论宣传的艺术，不断提高舆论引导的水平和效果。《中共中央关于加强党的执政能力建设的决定》将舆论引导作为执政能力水平的一部分，指出要牢牢把握

---

① 《邓小平文选》第2卷，人民出版社1994年版，第228、229、272页。

② 《十三大以来重要文献》（中），人民出版社1991年版，第770页。

③ 《江泽民文选》第1卷，人民出版社2006年版，第564页。

舆论导向，正确引导社会舆论，坚持党管媒体的原则，增强引导舆论的本领，掌握舆论工作的主动权，用社会主义主流意识形态来整合多样化的思想观念和多样化的社会舆论，提高党的执政能力、巩固党的执政地位。

（5）党性与人民性相统一原则

2013 年 8 月 19 日，习近平总书记在全国宣传思想工作会议上提出“以人民为中心”，强调“党性和人民性从来都是一致的、统一的”，新闻舆论工作也要坚持党的领导，即坚持党性原则，同时还要坚持人民性。2016 年 2 月 19 日，习近平在党的新闻舆论工作座谈会的讲话进一步强调，坚持党性原则，最根本的是坚持党对新闻舆论工作的领导。党和政府主办的媒体是党和政府的宣传阵地，必须姓党。党的新闻舆论媒体的所有工作，都要体现党的意志、反映党的主张，维护党中央权威。

从理论上看，党性和人民性都是整体性的政治概念，党性和人民性相统一的基本观点就是不要把它们割裂开来，更不要把它们对立起来，因为坚持党性就是坚持人民性，而坚持人民性就是坚持党性。① 新闻事业的人民性，是党的新闻事业在新闻活动中对人民意志和愿望的贯彻和表达②。因此，坚持党性与人民性相统一，是新时代中国特色社会主义新闻舆论工作的出发点，是树立以人民为中心的工作导向在新闻舆论工作实践中的具体表现。

---

① 郑保卫：《习近平“党性人民性统一论”的理论内涵及价值》，《现代传播》，2018 年第 1 期

② 雷跃捷：《论党性与人民性的统一》，《现代传播》，2014 年第 12 期。

（二）国家利益原则

“国家利益反映了权力、权利和利益的统一，主要包括国家领土、领空、领海安全以及政治和经济安全，基本要求是国家主权独立、领土完整，生存和发展不受侵犯的权益。这些权利和利益相互影响，相互制约，不可分割，是国家一切活动的基础和根本目标。①马克思从阶级维护自身利益的角度出发，认为国家是统治阶级维护自身统治的暴力工具。从这一论断可知，坚持国家利益是世界各国新闻报道和舆论管理的共性要求。

法国哲学家阿尔都塞认为，与以暴力、强制性为主的国家机器的职能（执行机关包括政府、军队、法庭、监狱等）相比，有“另一类明显支持（强制性）国家机器的实体（reality），但一定不要把这些实体同（强制性）国家机器混淆起来。我将这类实体称作意识形态国家机器（the ideological State apparatuses）。”②“意识形态国家机器”包括宗教、家庭、法律、传播、文化等形式。而媒体在国家机器中显然属于后一类，而其广泛的传播能力决定了它在国家机器对内和对外发挥职能中的重要作用，对一国的国际和地区形象，文化软实力所带来的经济、政治、能源、公共外交等利益更为长远。

议程设置在新媒体时代的舆论引导中仍然发挥着重要作用。通过议程设置的多种形式进行舆论引导，以维护国家的内部、地区、国际利益，是一国媒体进行国际传播的重要使命。在网络传播全球化时代，信

① 戴超武：《国家利益概念的变化及其对国家安全和外交决策的影响》，《世界经济与政治》，2000年第12期。

② 转引自周生强：《阿尔都塞意识形态国家机器理论及其当代启示》，《济宁学院学报》，2012年第2期。

息战、舆论战是国家间争夺利益的突出表现。美国在军方和白宫设立网络部队和网络安全办公室，在对中东、北非等国家的军事战斗前利用网络渗透和强化“互联网自由”，推行西方式的“自由民主”等，都是通过意识形态渗透来争取国家利益的表现。通过舆论战争，尤其是互联网中文化和价值的输出，已经成为国家利益争夺、国际舆论博弈的通常做法。

不同国家对同一新闻事件的报道中，出于国家利益进行议程设置，在网络媒体的舆论引导中表现得尤为明显。如果说传统媒体国家利益“争夺战”中各国主要通过不同的意识形态在新闻传播中的渗透对受众进行导向，那么在网络舆论的利益诉求中，网络新闻由于传播范围广泛、成本和门槛较低、对冲突利益外的第三方国家受众的影响尤为重要等因素，报道量更大、引导方式和手段更为多样。

（三）遵循网络舆论规律原则

规律是事物本身本质的、必然的联系，是事物运动变化的基本秩序和必然趋势。社会舆论是客观存在社会现象，有其自身生成、传播、发展的规律，对舆论的引导必须符合其规律，网络舆论的复杂性，更需要充分掌握其主体和对象及外部环境之间的客观规律。

党的十八大以来，遵循新闻传播规律成为我国网络舆论引导的重要原则之一，主要包括以下几个方面：一是遵循网络传播规律，是把握网上舆论引导的时、度、效的关键；二是媒体融合要遵循新闻传播规律和新兴媒体发展规律；三是坚持党性原则要遵循新闻传播规律；四是重视网络舆论的治理。

在新闻报道方面，遵循舆论引导规律的原则要求新闻表现其报道价值，贴近受众，具有影响社会舆论的能力，产生引导实效。2014 年 2 月 27 日，习近平总书记在中央网络安全和信息化领导小组第一次会议上发表重要讲话，提出要创新改进网上宣传，运用网络传播规律，弘扬主旋律，激发正能量，大力培育和践行社会主义核心价值观，把握好网上舆论引导的时、度、效，使网络空间清朗起来。

在媒体融合的大背景下，推进传统媒体和新兴媒体深度融合，需要遵循其内在规律。2014 年 8 月 18 日，习近平总书记在中央全面深化改革领导小组第四次会议上的重要讲话指出，推动传统媒体和新兴媒体融合发展，要遵循新闻传播规律和新兴媒体发展规律，强化互联网思维，坚持传统媒体和新兴媒体优势互补、一体发展，坚持先进技术为支撑、内容建设为根本，推动传统媒体和新兴媒体在内容、渠道、平台、经营、管理等方面的深度融合，着力打造一批形态多样、手段先进、具有竞争力的新型主流媒体，建成几家拥有强大实力和传播力、公信力、影响力的新型媒体集团，形成立体多样、融合发展的现代传播体系。要一手抓融合，一手抓管理，确保融合发展沿着正确方向推进。

在党性原则和新闻传播规律的关系方面，网上新闻传播也要讲党性，重视网络舆论引导具有重要政治意义。2016 年 2 月 19 日，习近平总书记在党的新闻舆论工作座谈会上指出，党的新闻舆论工作是党的一项重要工作，是治国理政、定国安邦的大事，要适应国内外形势发展，从党的工作全局出发把握定位，坚持党的领导，坚持正确政治方向，坚持以人民为中心的工作导向，尊重新闻传播规律，创新方法手段，切实提高党的新闻舆论传播力、引导力、影响力、公信力。

遵循新闻真实性、及时性原则要求丰富网络舆论引导形式，以适应网络舆论渠道多样、观点多元的特点。习近平总书记在党的新闻舆论工作座谈会上指出，真实性是新闻的生命。要根据事实来描述事实，既准确报道个别事实，又从宏观上把握和反映事件或事物的全貌。舆论监督和正面宣传是统一的。新闻媒体要直面工作中存在的问题，直面社会丑恶现象，激浊扬清、针砭时弊，同时发表批评性报道要事实准确、分析客观。多次网络舆论事件的民意走向显示，谣言止于真相，真实性是新闻的生命，及时报道新闻事实是舆论引导的利器。利用网络媒体实时、互动、多媒体的传播优势，第一时间进行设置议程，适时、适度、多方引导，已经是网络舆论引导的一般性要求。

网络舆论引导应依法、科学、以人为本，将其纳入社会治理的框架。党的十八大以来，在推进国家治理体系和治理能力现代化的背景下，网络社会治理为网络舆论引导设置了科学边界。网络社会虽然具有虚拟性和数字型，但网络舆论造成的社会影响是实实在在的。网络舆论的引导应由宣传灌输转变为科学治理，将其纳入整个社会系统的框架中，不仅在建设“网络强国”与“网络空间命运共同体”的过程中发挥积极作用，更起到化解矛盾、关怀民生、促进发展的现实作用。

二、我国网络舆论引导机构及其职责

我国互联网管理在宏观上采取分行业纵向监管模式，结合各部门的权限与职能特点，设立专门机构进行监管，有关部门在各自领域内承担相应的管理职责。

对于社会舆论，如前文所述，目前我国的网络舆论引导主体主要由三方面构成：一是进行宏观引导的中国共产党及其领导下的政府相关主管部门；二是作为舆论引导直接实施者的各级各类媒体及其从业人员；三是其他可能对舆论引导产生作用的相关社会组织或意见领袖等。随着媒介环境的发展变化，互联网、手机媒体等新兴媒体发展势头的日益增长，舆论引导工作所涉及的领域和范围也随之扩大。在新媒介环境下，舆论引导主体的总体架构虽然没有发生大的变化，但是在具体的机构设置层面，有所发展和变化，主要体现在传统舆论引导机构顺应媒介环境的发展增设相应职能。传统的舆论引导格局逐步向新的舆论引导格局转变，具体实施舆论引导的机构也有所调整。从机构层面来看，当前我国主要由党委宣传部、行政主管部门实施舆论引导。其中，中宣部和网信办是网络舆论的主要领导和管理机构，国家广播电视总局负责对网上音视频进行主要管理和引导。

就党委宣传部门而言，原先只是对传统媒体的宣传报道进行的指导和规划。面对新媒体发展的趋势，近年来各级党委宣传部门增设了对“网络新闻”“网络舆情”的管理部门。以中共中央宣传部为例，在新闻局下增设了网络新闻处，在舆情局下增设了网络舆情处；各省委宣传部也相应地增设了网络新闻处。

相应的，相关行政管理部门也增设了网络管理相关的部门。2011年前，国务院新闻办负责全国互联网站从事登载新闻业务的管理工作。省、自治区、直辖市人民政府新闻办公室依照《互联网站从事登载新闻业务管理暂行规定》负责本行政区域内互联网站从事登载新闻业务的管理工作。2011年5月国新办加挂“国家互联网信息办公室”牌子，其职责是：落实互联网信息传播方针政策和推动互联网信息传播法制建设；指导、协调、督促有关部门加强互联网信息内容管理；负责网络新闻业务及其他相关业务的审批和日常监管；指导有关部门做好网络游戏、网络视听、网络出版等网络文化领域业务布局规划；协调有关部门做好网络文化阵地建设的规划和实施工作；负责重点新闻网站的规划建设；组织、协调网上宣传工作；依法查处违法违规网站等工作。2014年8月26日，国务院下发关于授权国家互联网信息办公室负责互联网信息内容管理工作的通知，授权重新组建的国家互联网信息办公室负责全国互联网信息内容管理工作，并负责监督管理执法，旨在促进互联网信息服务健康有序发展，进一步清晰了网络舆论引导部门的主体身份。

国家广播电视总局在网上视频类内容生产日益增长的背景下，设置网络视听节目管理司和监管中心，发布《互联网视听节目服务管理规定》，通过建立网络视听节目准入机制进行网络视听节目监管；并联合网信办发布《关于进一步加强网络剧、微电影等网络视听节目管理的通知》《关于在新闻网站核发新闻记者证的通知》；联合工信部等开展净网行动，对网络内容传播和舆论导向中的乱象进行规制。

第三节　媒体的网络舆论引导研究

在我国，无论传统媒体还是网络媒体均需在党和政府的统一领导下开展工作，因此，各类媒体成为党和政府舆论引导的主要渠道。各类热点事件引发的网络舆论既受到网络媒体的引导，也受到传统媒体的引导，随着媒体融合程度的加深，各类媒体形成的导向合力或导向差异，也会对网络舆论的传播走向产生影响。

针对不同的舆论事件，各类媒体的引导方式也不尽相同。本书选取人民网发布的2012年网络舆论事件排行前20名中的“微笑局长成‘表哥’”事件考察传统媒体与网络媒体对此事件舆论引导的表现。

一、“表哥事件”始末

“表哥事件”是一起网民监督政府官员的典型事件，在这起网络舆论事件中，根据各类媒体的报道还原，事件的发展主要经过了以下阶段：

（一）事件缘起

2012年8月27日，在36人遇难的延安特大交通事故现场，陕西一官员面带微笑的照片成为舆论关注焦点。后经网友人肉搜索，该官员为时任陕西省安监局局长杨达才。陕西省安监局工作人员曾向媒体记者证实，事故发生后，杨达才确曾连夜赶往现场。此外，该工作人员个人认为，“微笑照片”只是随手一拍，不能反映现场真实情况。

（二）当事人回应

杨达才通过微博访谈进行回应，但并没有完全打消网友的疑虑。网友随后开始搜他在不同场合中戴过的不同手表。截至8月30日，网友搜索出杨达才戴过很多块不同款式手表的照片。

（三）政府部门回应

杨达才未对新的质疑作出回应。8月30日21时30分，由陕西省委宣传部主办的西部网发布消息称，陕西省纪委在这一事件发生后高度关注，已经安排人员进行调查。如确有违纪或腐败问题，将依照有关规定严肃处理。

（四）意见领袖出现

9 月 1 日下午，湖北三峡大学在校生刘艳峰向陕西省财政厅寄送政府信息公开申请表，申请公开杨达才 2011 年度工资。

（五）人肉搜索

9 月 5 日，杨达才再次成了网友微博监督的火力点，陕西省纪委刚表示要严查杨达才的名表问题，其“手镯”和眼镜乃至皮带又被网友用图一一呈现，某知情网友称，杨达才的眼镜疑似价值十万以上，而腰带则暂时未见“报价”。

9 月 5 日 21 时 27 分，网友“晨曦微播”晒图，称“微笑局长”在任安康市委常委、汉滨区委书记时，被中央办公厅发文通报批评，受党内警告处分。

9 月 17 日，记者打开陕西省安监局的官方网站，发现杨达才召开会议、视察煤矿的照片仍然留在首页。经过记者调查得知，杨达才仍“天天上班”。

（六）事件处理结果

9 月 20 日，陕西省财政厅回应称“表哥”工资不属于公开范围。

9 月 21 日，记者从陕西省纪委获悉，杨达才存在严重违纪问题，依据有关纪律规定，经省纪委常委会研究并报经省委研究决定，撤销杨达才陕西省第十二届纪委委员、省安监局党组书记、局长职务。对调查中发现的杨达才的其他违纪线索，省纪委正在进一步调查。

经陕西省纪委进一步调查，省安监局原局长杨达才在任职期间严重违纪并涉嫌犯罪。2013 年 2 月 22 日，经陕西省纪委常委会研究并报省委批准，决定给予杨达才开除党籍处分，对其涉嫌犯罪问题移交司法机关依法处理。

二、传统媒体分析

(一) 报道时间动态分布

第一阶段 (8 月 29 日—9 月 5 日)

根据所检索出的报道时间来看，传统媒体最早发出声音的是事件发生后第三天 8 月 29 日《新华每日电讯》的评论文章《局长的“表”比“表情”更值得探究》，引导人们不要只停留在关注杨达才的“微笑表情”，而要关注其在各种场合戴的名表，将公众舆论引向监督官员财产问题。随后，8 月 31 日《联合日报》、9 月 3 日《中国经营报》、9 月 5 日《安徽日报》相继发表评论，总体基调是希望将此事查到底，给民众一个知情权层面的交代。从整个事件的发展来看，这一阶段事件还在“扑朔迷离”当中，具体调查是否介入、调查是否有结果都不是很明朗。上述报纸的评论总体上将舆论的关注点引向对事件真相的公开上。

第二阶段 (9 月 21 日—9 月 27 日)

这一时期是各大报纸发出声音、进行事件关注的高峰期。原因一在于 9 月 20 日，陕西省财政厅驳回了三峡大学大学生徐艳峰要求公开杨达才工资收入的请求，引起网络舆论热潮；原因二在于 9 月 21 日，随着陕西省纪委公布撤销杨达才职务这一决定，“表哥事件”在官方层面上有了较为明确的说法。这一阶段的报道一方面在于公布这一事件的处理结果，向公众信息公开；另一方面由于事件结果的相对确定性，更多媒体加入发声阵营。这一段时期的评论主要将舆论引向对事件处理过程的评价，以及民主监督如何实现效果上。

第三阶段（10 月 10 日以后）

这一阶段主要是事件的一些后续性跟进报道，以及由“表哥”事件引发的反腐层面的评论和思考。报道相对零散，评论中“表哥”事件往往成为一个由头或者引子。

（二）报道所在报纸类型分析

参与“表哥”事件舆论引导的报道主要集中在 13 家报纸上，其中中共中央机关报 1 家、中共中央单位主办的报纸 2 家、中央媒体主办的报纸 1 家、中央直属单位主办的行业报 3 家、中共省委党报 1 家、中共市委党报 1 家、政协省委机关报 1 家、省级报业集团主办的报纸 1 家、其他都市商业报 1 家，基本上都是主流报纸。按照报纸内容定位来看，综合性报纸 5 家、行业报 5 家、财经类 2 家、都市报 1 家。（见表 4 –1）

表 4 –1　报道“表哥事件”传统媒体类型

报纸名称	主管单位	媒体定位
新华每日电讯	新华社	中央级新锐主流报
联合日报	政协山东省委	机关报
中国经营报	中国社会科学院工业经济研究所	财经类
东方早报	上海文汇新民联合报业集团	财经类综合日报
安徽日报	中共安徽省委	党报
重庆商报	汇融集团	都市报
长江日报	中共武汉市委	机关报
人民日报	中共中央宣传部	中共中央机关报
检察日报	最高人民检察院主办	政法类机关报
中华工商时报	中华全国工商业联合会	财经类机关报
学习时报	中共中央党校	机关报
法制日报	中共中央政法委员会	机关报

（三）报道体裁类型分析

从报道体裁来看，这 17 篇报道以新闻评论为主，有 11 篇；公布事件处理动态与结果的动态报道有 3 篇；对事件全过程或由事件引发的反腐行为的综述性报道 2 篇；事件后续、深度调查类报道 1 篇。

（四）综合考察：传统媒体对“表哥事件”的舆论引导

首先，从时效性来看传统媒体对此事件的舆论引导显得相对滞后。抽样调查或许在某种程度上不能涵盖所有报纸，但是却能反映一定的倾向性问题。从所抽样的报道来看，最早跟进此话题的《新华每日电讯》发出评论之时，距离“微笑表哥”事件发端于网络之时已隔 3 天。换言之，在事情发生的前 3 天内，大部分报纸处于失声状态。这在舆论引导上显得相对滞后，并未抓准引导的最佳时机。

其次，从报道的几个发展阶段来看，传统媒体发声的高峰期是在官方公布了事件处理结果之后。也就是说，在事件调查阶段、事件未出结果之时，大部分媒体只是处于观望状态。

第三，从舆论引导的方式来看，新闻评论占主体。新闻评论因其具有鲜明的观点，在媒体引导网络舆论时，能够发挥有效的导向作用，在网络舆论的酝酿、生成、爆发、对峙等关键节点上，对其产生影响。就该事件来看，主要的报纸采用的还是这一最直接的方式，其他的手段和方式很少。

三、网络媒体分析

网络舆论事件往往由网络媒体生发，对于非网络原生的事件，其发展的过程也主要依靠网络传播渠道，形成舆论热潮。网络中众多网友观点的传播、意见领袖的引领，以及网络媒体与传统媒体的引导合力，成为网络媒体网络舆论引导的主要方式。本节以“表哥事件”的网络舆论形成、引导过程分析，来说明网络媒体的舆论引导的具体表现。

（一）“表哥事件”的网络舆论形成过程

1. 网友微博发文引发公众关注“微笑局长”

“表哥事件”最早是由新浪微博这一平台生发。2012 年 8 月 26 日 16 时 35 分，网友 JadeCong 发布“事故现场官员满面笑容，情绪稳定。——延安市境内的包茂高速公路发生卧铺客车与罐车追尾事故，致 36 人死亡。”并配以杨达才现场视察的相关截图。截至 2012 年 8 月 31 日，该微博共计被转发 6515 条，评论 1604 条。在 1000 多条原始微博的评论中，大多数人是对杨达才面对事故的“微笑”态度提出非议，也有个别观点建议网民弄清楚事实真相再加以评论；然而，随着评论数量的增多，网友们的谈论观点逐步由事件引入杨达才本人，对他是否是“贪官”产生疑问，要求“人肉”搜索他的呼声也越来越高涨。

2. 网友从关注“微笑”表情转向“人肉”反腐

当日 19 时 53 分，网友“百姓大于天”在其微博爆料称，涉事官员为时任陕西省安监局局长杨达才；22 时 29 分，网友“卫庄”在其微博发布了一张杨达才佩戴手表的照片，并称“网友怀疑是价值 3. 8 万多欧元的欧米茄”；23 时 57 分，渤海论坛的新浪官方微博发布了杨达才在不同场合佩戴有 5 块不同款式手表的照片，称这是“陕西省安监局局长杨达才同志的爱好”。8 月 27 日 18 时 12 分，第五大道奢侈品网首席运营官孙多菲在其微博中称：“我已向表行业内专家请教，第一张：6. 5 万元左右的蚝式恒动系列劳力士；第二张：3. 4 万元至 3. 5 万元之间的欧米茄；第三张：江诗丹顿18K玫瑰金表壳，而且是机械的，市场估计在20万元至40万元；第四张：欧米茄，价格也就3万多元到4万元；第五张：雷达全陶瓷，市值估计3万元。”这条微博被转发14531次，引发评论5350条。杨达才因此也被网民戏称为“表哥”。此后，这些鉴表图片迅速成为网民热议的话题。不少网民认为，一个安监局长以其正常的工资收入，不可能有这么多的名贵手表，进而猜测其本人有贪污腐败的重大嫌疑。①

3. “微笑局长”通过新浪微博试图公关舆论危机

而面对众网友的质疑和指责，杨达才选取采用新媒介形式——新浪微博平台向网友主动解释、道歉。这一做法显得主动，可以看出他试图通过这一方式化解这一起因网络而生发的舆论危机事件。8月29日21时至22时，杨达才主动在新浪微博中回答网友提问。在13次回复中，杨达才6次向网友致歉。杨达才表示，自己并未“微笑”，只是表情有点放松，想让现场同志放松些；5块手表是自己10年来合法收入购买的，最贵的一块是3.5万元；作为公务人员，被网友监督是合理的、正常的。随后各大网站对此事作出报道，“陕西安监局长回应网络质疑”这一事件再度引发网络舆论热潮。据人民网舆情监测室2012年8月30日发布的舆情解读文章《“微笑局长”善待质疑获肯定》称：“热度最高的单条网络新闻是腾讯新闻‘陕西安监局长：车祸现场微笑是想让基层同志放松’，截至今日下午14时30分，此条新闻已有超过13万网

① 侯文昌：《媒体还原“微笑表哥”27天落马舆情》，《检察日报》，2012年9月25日。

友参与和1万5千余条评论。"①

4. 危机公关失败，舆论危机升级

杨达才的“诚恳”“公开”的姿态和做法，在某种程度上获取了部分舆论的支持。许多网友认为通过微博互动是一种很好的沟通，“有诚意”“有勇气面对质疑”，是一次不错的“危机公关”，更有网友呼吁这样的互动将来越多越好。公共关系专家认为杨达才正确运用了危机管理‘三度法则’：一是态度。多次诚恳向公众道歉，软化敌对情绪。二是速度。第一时间进行在线访谈，与网友媒体交流。三是透明度。解释现场微笑缘由，并一一解释名表来源。② 然而，这一行为以及部分舆论的扭转并未能够抵挡住不断质疑和追问的舆论浪潮。众网友继续“人肉”搜索杨达才，并搜出他的其他5块手表，并对新增的表估价超过20万元。也因为越来越多的表的曝光，使得杨达才从“微笑局长”转变为“表哥”。

（二）网络媒体关注此事件的动态过程

从图4-1中可以看出，网络媒体对“微笑局长”事件表示出较高的关注度，且关注程度有着加速过程。事件发生的第二天，网络的关注度开始略有抬头，到第三天、第四天有着明显的加速变化，尤其是29日达到了短期内的高峰值。这与杨达才主动利用微博平台化解舆论危机有着密切关系，他的这一举动吸引了更多网络的关注与热议。直到30日，网络的关注度才有所回落。从网络媒体关注的形式来看，新闻的关

---

① 人民网舆情监测室：《“微笑局长”善待质疑获肯定》，转引自网易新闻，news.163.com/12/0830/17/8A619EFJ00014JB6.html

② 人民网舆情监测室：《“微笑局长”善待质疑获肯定》，转引自网易新闻，news.163.com/12/0830/17/8A619EFJ00014JB6.html

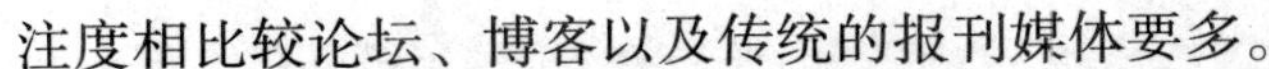

注度相比较论坛、博客以及传统的报刊媒体要多。

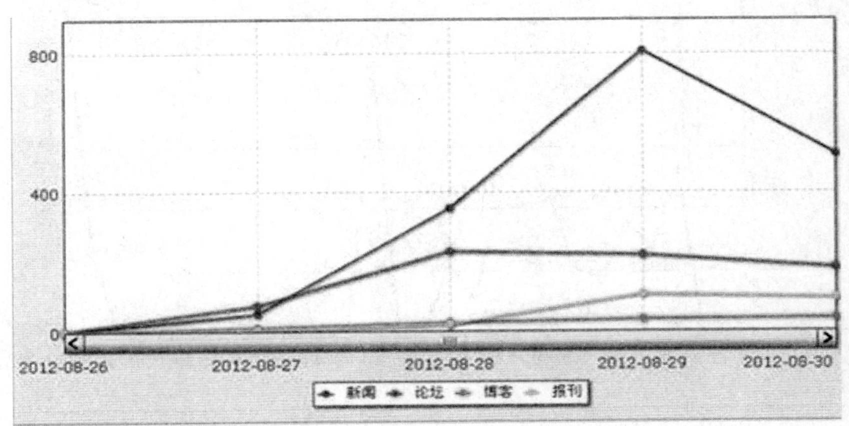

图 4-1　“表哥事件”网络媒体关注趋势图（8 月 26 日—8 月 30 日）①

再来看此事件的生发地微博平台的关注动态。与其他网络传播形态相同，8 月 29 日微博的关注度也达到了事件前期的高峰值。随着事件的推移，关注度曾一度回落，直至 9 月 21 日事件调查结果公布后又达到了最高峰值。（见图 4-2）

① 人民网舆情监测室：《“微笑局长”善待质疑获肯定》，转引自网易新闻，news. 163. com/12/0830/17/8A619EFJ00014JB6. html

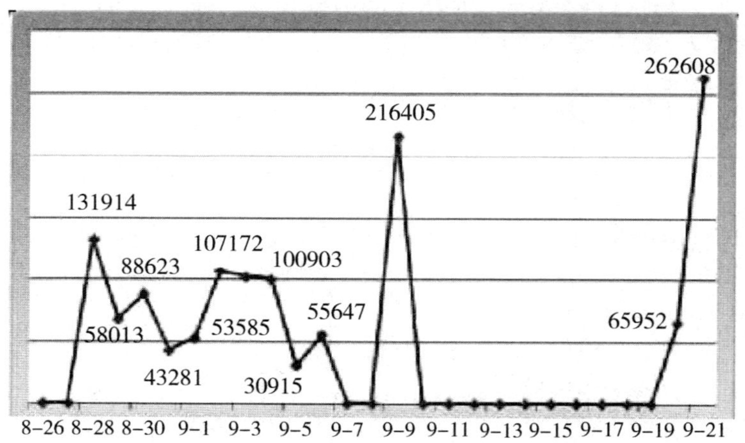

图4-2 新浪微博“表哥事件”关注动态趋势图①

（三）“表哥事件”的网络舆论引导分析

1. 网络舆论监督将事件引向公众视野

根据前文事件还原和舆论形成过程来看，该事件实际上最初是对杨达才工作作风的一种监督。早期网友发博文的初衷是揭露其在事故现场“微笑”的不合时宜，以批判其工作态度和作风。这其实是民众对国家机关人员作风的一种常态的监督。只是通过新媒介这一平台，扩大了传播范围和速度，使得事件受到广泛的关注。然而，一旦这起带有“民监督官”色彩的事件抛向公众视野，公众的评价取向和思考问题的切入点便以多元的方式呈现出来，舆论也开始动态化发展：从工作作风到杨达才本人的外貌，再到通过人肉搜索杨达才身上的手表、腰带、手镯

① 侯文昌：《媒体还原“微笑表哥”27天落马舆情》，《检察日报》，2012年9月25日。

等贵重物品并通过网络呈现，以获得更大范围的舆论关注。通过网友的事件呈现、人肉搜索等方式，公众舆论的关注点逐步由关注其表面的“微笑”转向反腐。

2. 网络意见领袖引导公众对事件的关注点

这起事件中，网络意见领袖也起到了一定的引领作用。从最初发出的博文内容来看，“事故现场官员满面笑容，情绪稳定”的表述方式实际上给事件总体定了调，这样的内容呈现方式直接给其他网民予以“观念前行”，众网民起初的评价也都围绕杨达才的“笑容”。在人肉搜索的过程中，有关杨达才之前工作照片的不断公布，加之期间一些“鉴表”专业人士的加入，更加引发舆论的热议。意见领袖们或许不用直白的言论表述，只是提供公众可能感兴趣的一些事实元素，即可触发舆论高潮。

湖北三峡大学在校生刘艳峰向陕西省财政厅寄送政府信息公开申请表，申请公开杨达才 2011 年度工资的举动，更是直接地将公众对事件的认识与已有舆论基础的“官员财产公开制度”相联系，要求纪委责成杨达向社会公开其收入的呼声随之而起。

3. 杨达才的舆论危机公关未能起到作用

面对舆论危机，杨达才采用的是主动面对的方式，而且采用了在危机生发地微博平台与网民互动，试图化解这场舆论危机，改变网络舆论走向。事实上，他的类似于“网络发言人”以及“道歉”的行为，从危机公关的角度来说，可谓尚存在一定技巧，这一点也得到了公关专家的肯定。也不得不说，他的危机公关取得了一定的效果，使得公众舆论发生了一定的变化，一些网友开始改变对他的态度和看法，甚至一些专业人士的舆论也偏向于他。然而，从整个事件来看，这次“危机公关”非但没有化解危机，反而将事件再度引向舆论高地。这足以说明一个道理，脱离事实真相的危机公关方式并不能真正解决问题。部分对他继续持质疑态度的网友“人肉”的结果及“鉴表”专业人士的观点加入，反而将此次事件从“微笑局长”事件升级为“表哥”事件。

4. 传统媒体与网络媒体的互动关系

“表哥”事件发生后引发了大量传统媒体的关注。前文所选择的知网全国重要报刊数据库收录的主要是一些机关报和行业报，大部分以评论和事实报道的方式关注此次事件。而一些都市报则直接转引微博上的言论摘编报道，如《南方都市报》《钱江晚报》《新民晚报》等。这出现了传统媒体向网络媒体取材的传播取向。而网络媒体对传统媒体文章的转载率也较高，尤其是一些带有评论性质的文章，如《钱江晚报》的报道《车祸现场官员傻笑　网友质问你笑啥》被各大媒体转载超过140余次，被凤凰网转载后，点击量超过16万人次。①

然而，仔细分析此次事件中传统媒体与网络媒体的表现，仍存在一定的差异：首先，网络媒体因其表现方式和渠道的多样化，直接主导着事件发生、发展以及舆论的动态过程；而传统媒体呈现出向网络媒体取材的传播取向。其次，由于网络传播的碎片化，网络媒体主要是时间动态、碎片化的呈现，舆论也大多来自网民自发的评论；而传统媒体更多的是从新闻评论、言论的角度引导社会舆论。因此最终两个舆论场形成了合力，导致“微笑局长”被撤职。

① 侯文昌：《媒体还原“微笑表哥”27天落马舆情》，《检察日报》，2012年9月25日。

第四节　网络舆论引导的行业协会和社会组织

行业协会是以同一行业共同的利益为目的，以为同行业提供各种服务为对象，以正义监督下的自治行为为准则，以非官方机构的民间活动为方式的非营利的法人组织。① 行业协会具有自发成立、自律为主、公共中介的特点。社会组织广义上泛指社会上的一切组织，狭义上专指政府与企业外面向社会提供某个领域的公共服务的法人实体。② 近年来，我国已经形成了一些发挥网络舆论引导作用的代表性行业协会和社会组织，在制定行业规范，运用监督、评议、奖惩、教育等方式促进媒介机构和媒介从业人员的自律方面起到了重要作用。随着网络媒体的不断发展，在网络新闻传播领域相关的行业协会和社会组织发挥的价值导向功能日益明显。

1999 年 4 月 8 日，搜狐、新浪、网易等 8 家知名网站在北京召开"中国 ICP 联合发展高层会议"成立大会，是中国网络媒体较早的行业自律性组织。

2002 年 1 月 30 日，上海灵通、新浪、掌中万维、掌门神和申通 Any8 五大网站共同发表自律宣言，并向其他网站倡议，遵守商业道德和有关法律法规，保护各种知识产权，促进网络信息的正常合法传播。

---

① 汪莉:《论行业协会的经济法主体地位》,《法学评论》, 2006 年第 1 期。

② 张尚仁:《"社会组织"的含义、功能与类型》,《云南民族大学学报》(哲学社会科学版), 2004 年第 2 期。

同时，五家公司还表示首先要在各自内部进行自查，并欢迎社会各界的监督。此举被称为国内互联网行业第一次自律行动。

2001 年，中国互联网协会由从事互联网行业的网络运营商、服务提供商、设备制造商、系统集成商以及科研、教育机构等 70 多家互联网从业者共同发起成立，是由中国互联网行业及与互联网相关的企事业单位自愿结成的行业性的全国性的非营利性的社会组织，是目前我国知名度最高的网络协会①，主要开展我国互联网行业发展状况的调查与研究工作，促进互联网的发展和普及应用，向政府有关部门提出行业发展的政策建议。2004 年 6 月，该协会出台了《中国互联网行业自律公约》，制定并实施互联网行业规范和自律公约，协调会员之间的关系，促进会员之间的沟通与协作，充分发挥行业自律作用，维护国家信息安全，维护行业整体利益和用户利益，促进行业服务质量的提高。2007 年 8 月，中国互联网协会出台《博客服务自律公约》，推动博客用户和博客服务提供商以协议规范双方责权。对博客的服务提供者的从业资质、传播行为进行了规定，鼓励博客服务提供者积极探索博客服务模式，为博客提供良好的创作环境，引导博客用户创作和传播优秀网络文化作品。倡导博客使用者自觉遵守国家有关互联网信息服务的法律、法规，文明使用网络，鼓励博客服务提供者对博客用户实行实名注册，注册信息应当包括用户真实姓名、通信地址、联系电话、邮箱等。要求博客服务提供者应制定有效的实名博客用户信息安全管理制度，保护博客用户资料。未经实名博客用户本人允许，不公开或向第三方提供用户注册信息及其存储在网站上的非公开博客内容，法律、法规另有规定的除

---

① 中国互联网协会官网，http：//www. isc. org. cn/fwdt/listinfo－15406. html。

外。并为博客用户提供对跟帖内容的管理权限，博客用户应当对跟帖进行有效管理，应当删除违法和不良跟帖信息等。

2003 年 12 月 8 日，由新浪、搜狐、网易等国内主要商业网站与 30 多家互联网新闻信息服务单位共同签署的《互联网新闻信息服务自律公约》，以公约形式对门户网站进行自律性规定。

2006 年 4 月 9 日，北京 14 家网站向全国互联网界发出文明办网倡议抵制低俗之风，坚持文明办网，推动互联网行业健康发展，具体要求各网站在互联网工作者中大力宣传、贯彻、落实社会主义荣辱观；坚决抵制与社会公德和中华民族优秀传统美德相背离的不良信息，自觉抵制网络低俗之风，净化网络环境；坚持自我约束，实施行业自律。建立健全网站内部管理制度，规范信息制作、发布流程，强化监管、惩处机制；加强对网站从业人员的职业道德、网上公德教育，增强社会责任感，推动互联网行业健康发展；自觉接受管理，欢迎社会监督，开设举报电话、举报邮箱，建立全天候举报制度。①

北京网络新闻信息评议会于 2006 年 4 月 13 日由北京网络媒体协会牵头成立。北京网络媒体协会是一个自愿成立的民间组织，旨在协助政府部门加强对网络的管理，维护国家信息安全和社会公共利益，保障会员的合法权益，促进互联网新闻信息服务健康有序发展。而北京网络新闻评议会正是北京网络媒体协会对开展互联网新闻信息服务行业自律的北京地区网络媒体实施监督与评议的机构。自成立至今，北京网络新闻信息评议会每年举办几次评议会，首次评议就对包括新浪、搜狐、网易

---

① 《14 家网站联合向全国互联网界发出文明办网倡议书》，http：//news.163.com/06/0410/10/2EBG38DB0001124J.html。

在内的七大门户网站进行了公开通报批评。① 北京网络新闻信息评议会通过由政府管理部门代表、网络媒体代表、专家学者代表和网民代表按比例构成的方式，对网络新闻中存在的问题给予及时的评议和监督。从评议会历年来的议题来看，覆盖了近年来网络新闻存在的热点和焦点问题。2007 年 5 月 9 日，北京网络新闻信息评议会经公众举报并调查取证，发现针对悠视网、中关村在线两家网站内容存在的严重问题，责成悠视网和中关村在线进行公开道歉，于 5 月 10 日前在网站首页刊登向公众的致歉声明，并对存在问题立刻进行深入整改，并提请政府管理部门对网站违法行为依法查处的决定。当日，两网站做致歉声明，并对不良信息无统一标准的问题提出了意见。② 2011 年 7 月 14 日，北京网络新闻信息评议会召开 2011 年第五次会议，主题为：自媒体时代的公民社会责任。评议会倡议：北京网络媒体要在自媒体时代主动研究探索创新虚拟社会的管理方式，积极推动网民在虚拟社会中承担社会责任。该评议会为此提出了三条具体措施：一是网络媒体内部要建立完善虚假信息防范、甄别、处置体系，通过专门的团队建设和新技术研发应用，实现虚假信息的传播预警，真伪内容的快速有效甄别，传播节点的准确锁定惩治；二是网络媒体要充分利用自媒体时代网络意见领袖影响力巨大的特点，发动网络意见领袖积极参与抵制虚假信息，树立网络意见领袖在虚拟社会中践行公民社会责任典范；三是网络媒体要全力配合政府及其他各类社会机构通过自媒体平台建立与网民沟通机制，最大程度放大

① 焦俊波：《论我国新闻评议会的构建》，南昌大学 2008 年硕士论文。

② 《大打情色擦边球　悠视网与中关村在线被令道歉》，人民网，2007 年 5 月 11 日，http：//it. people. com. cn/GB/42891/42894/5717313. html

准确、权威信息。①

2011 年 8 月 19 日，中国网络视听节目服务协会成立，作为民政部批准成立的国家一级协会，是我国网络视听节目服务领域唯一的国家级行业性组织，也是我国互联网领域规模最大的行业协会。2012 年 7 月 13 日，中国网络视听节目服务协会讨论通过广电总局推动的《中国网络视听节目服务自律公约》（简称《公约》）在京发布。《公约》要求，各缔约单位实行网络视听节目内容总编辑负责制度；实行节目内容先审后播制度，建立和完善快速处理响应机制；要求各缔约单位坚守社会责任，坚持社会效益优先，大力弘扬优秀文化，积极推动产业发展，严格实行行业自律；积极生产制作和传播内容健康、形式新颖、生动活泼、贴近受众的网络视听节目，包括网络剧、微电影、影视类动画片、纪录片等。②

我国尚无行业协会法，其他相关法律法规中，行业协会和社会评议会作为当前我国网络管理的主体身份并未被明确提及。但从世界各国的网络内容管理实践和发展趋势来看，行业协会、社会组织在网络舆论引导中将发挥越来越重要的规范、监督和评议作用。

---

① 《北京网络新闻信息评议会召开 2011 年第五次会议》，千龙网，http：//report. qianlong. com/33378/2011/07/14/2861@7167928. htm。

② 《中国网络视听节目服务自律公约》，http：//www. isc. org. cn/zxzx/ywsd/listinfo－21512. html。

第五章

完善网络舆论引导机制的路径研究

从本书第三章反映的当前我国社会舆论中存在的现实问题，和第四章我国现行的网络舆论引导机制的运作情况来看，面对庞杂的网络舆论事件，目前仍然存在法律滞后、机制不畅、缺乏规范、引导方式相对单一等问题。因此，完善网络舆论引导机制需要理顺各类主体的关系（见图 5－1），以法制建设为内在驱动，依法确立引导原则；不断完善政府和管理部门规范；遵循舆论生成和传播规律，推进行业自律与社会监督相结合；顺应民生诉求进行议程设置；强化媒体专业精神和公信力的建设，从而提高舆论引导效果，创造理性舆论空间，形成正能量充沛的网络舆论场。

第一节　网络舆论引导法律法规机制

一、近年来我国网络舆论法律法规的发展

制度是一定社会历史条件形成的政治、经济、文化等方面的体系，是人们共同遵守的办事规程或行动准则，表现为各种行政法规、政策章程和公约。制度具有一定的稳定性和规范性，指导并约束人们开展社会活动，也随着社会现实的变化而发生变革。和其他社会管理措施相比，法律制度具有硬性和强制性的特点，由立法机关制定，国家政权保障执行。由于社会舆论对国家和社会生活的重要影响，从网络媒体诞生至今，各国都在法律法规层面对其进行了规制。

作为大陆法系的国家，和普通法系（以美国为典型代表）的国家以判例法遵循判例的原则不同，中国采用成文法的形式建立法律体系。我国的新闻立法工作始于20世纪80年代中央批准成立的新闻法起草小组，后来因为各种原因新闻立法工作中断了。一方面，并非所有大陆法系的国家都有成文的新闻法；另一方面，新闻传媒业极度发达的一些国家，如美国也没有新闻法，而以行业协会和媒介自律被熟知。这两个现实说明了新闻立法的复杂性。网络舆论自身的特性更使得相关法律的行为界定和解释更具有滞后性。

2008年11月3日，《人民日报》发表题为《科学管理　依法管理　有效管理　切实提高舆论引导能力》的文章指出，“加快新闻工作的

法治化建设，努力实现依法管理。加强新闻工作法治化建设，是依法治国的必然要求，也是做好新闻工作、提高舆论引导能力的重要保障。党的十六大以来，我国先后制定和修改了许多重要法律法规，对做好新闻工作、提高舆论引导能力起到了积极的推动作用……当前，我国正处于改革发展的关键阶段，新情况新问题层出不穷，这对新闻工作领域的法治化建设提出了新的更高的要求。应加快新闻领域立法工作，继续完善与新闻工作相关的法律法规，为做好新闻工作、提高舆论引导能力提供法律保障。"①

2012年12月18日到20日，《人民日报》连续三天发表文章，针对商业欺诈、恶意攻击、造谣传谣和网络舆论失序问题进行了集中报道，对网络立法的重要性和各国实施网络立法及管理的情况做出阐释。② 说明了对当前我国进行互联网舆论引导进行立法的必要性和现实性。

近年来，在法律层面，与网络舆论相关的法律法规逐渐增多，如《突发事件应对法》《政府信息公开条例》《外国常驻新闻机构和外国记者采访条例》《网络安全法》等。

在政策和规范性文件层面，针对各类网络服务平台的不同特点，国家网信办先后出台《互联网直播服务管理规定》《互联网论坛社区服务管理规定》《互联网跟帖评论服务管理规定》《互联网群组信息服务管

① 华清：《科学管理　依法管理　有效管理　切实提高舆论引导能力》，《人民日报》，2008年11月3日理论版。

② 《网络不是法外之地》，2012年12月18日头版；《互联网：依法监管是各国惯例》19日专版；《网络需要依法运行》20日头版，《监管保障公民权益（各国依法监管互联网面面观）》，20日第2版，《要为网络世界设定法治底线》，20日第9版。

理规定》《微博客信息服务管理规定》等一系列规范性文件，对直播、论坛、跟帖评论、群组、微博的服务主体资质、用户注册、信息发布、传播进行了规范，并对公众投诉及违反规定的行为进行了规制。

二、世界各国相关法律法规的特点和经验①②

国家是舆论引导制度建设和实施和管理的主体，互联网的巨大社会效力引起世界各国的重视，各国纷纷在法律和国家制度层面规定其内容和形式。在法律层面，主要表现为涉及国家安全和机密、公共利益以及互联网犯罪的监管法律法规。由于国家经济、政治体制和国情的差异，各国的法律和制度情况也有所差异。世界各国，尤其是发达国家对于网络立法较早，对新闻传播和舆论中的自由和责任、权利和义务等有了较为明确的规定，并趋于完善和细化。

（一）美国：法律法规数量多，监管体系较为完善

言论自由作为公民最基本的权利在其宪法第一修正案中进行了保护。从相关立法和管理来看，美国的互联网立法开始较早，新媒体管理制度较为完善和细化。

1996 年 2 月 1 日美国通过了《传播净化法案》（The Communications Decency Act），对危害青少年的网络色情内容进行遏制；1998 年 10 月美国国会通过《儿童在线保护法》（Child Online Protection Act），规定商业性的色情网站不得提供 17 岁以下的未成年人浏览“缺乏严肃文学、

① 李留英：《各国互联网内容安全监管现状比较与分析》，《信息网络安全》，2010 年第 1 期。

② 任铭、陈俊鑫：《我国网络舆情及管理策略研究》，2011 年全国通信安全学术会议论文集。

艺术、政治、科学价值的裸体与性行为影像及文字”有害身心的网站内容，对未满18岁的青少年进行必要的限制进入措施，以防止其浏览成人网站。这两项法案引起了言论自由与内容管理方面的争论，先后于1997年和1999年因违背美国宪法所保护的公民言论自由权被裁定而无效。

2000年4月20日，美国国会发布《儿童网络隐私规则》。同年12月美国国会通过了《儿童互联网保护法》（Children's Internet Protection Act，简称CIPA），旨在保护未成年人免遭互联网色情业的侵害。该法要求商业网站的运营者在允许互联网用户浏览对未成年人有害的内容之前，先使用电子年龄验证系统对互联网用户的年龄进行鉴别，并要求各学校和公共图书馆都要在联网计算机上安装过滤软件。CIPA标志着美国网络管制进入了“过滤时代”。2003年6月23日，美国要求全国的公共图书馆为联网计算机安装色情过滤系统。同时，美国微软公司还开发了儿童色情追踪系统（Child Exploitation Tracking System，CETS），免费向各国政府提供使用。

2007年10月，美国国会通过了《删除在线掠食者法案》（Deleting Online Predators Act），要求学校和图书馆封锁社交网站的接入，严禁未成年人访问社交网站，如MySpace等。同时，美国还积极参与国际合作，美国与欧盟等国共同草拟了世界上第一个针对网络犯罪的国际公约《网络犯罪公约草案》，以解决日益猖獗的网络犯罪问题。

美国的网络立法相关的法律法规数量较多，立法的特点是紧跟网络发展的实际，以技术、分级的方式进行监管。在即时通信软件、社交网站繁荣为恐怖主义、极端主义和社会运动带来组织动员平台的背景下，美国联邦调查局2012年5月专门从警方、缉毒等多个部门抽调侦查、技术领域的精兵强将，在弗吉尼亚州成立了名为“国内通信协助中心”的专门机构，协助美国联邦、各州和地方警务人员依法监听、监控互联网，提升网络治理水平。① 美国国土安全部的“分析员”通过搜索关键词随时掌握社交媒体上的“潜在威胁信息”。26岁的英国人布莱恩和一名朋友在2012年1月下旬前往美国西海岸的洛杉矶旅游，出发前一个星期，他在社交网站推特上随意发布了“这个星期之后，我要前往美国摧毁它”的一条微博，二人一入美国境内即被逮捕。尽管布莱恩强调自己的本意是在美国“疯玩一场”，但警察还是于次日将二人遣返回英国。②

此外，美国各州还根据在互联网应用的具体情况颁布地方法规，建立起符合各州情况的互联网管理制度与机构。如加利福尼亚州的《SB242互联网隐私法案》，要求社交网站用户在注册过程中详细设置他们的隐私选项，并责令社交网站将默认的隐私选项设置为不分享任何用户姓名和居住城市等信息，对社交网站的发言行为带来了直接的制约作用。

（二）德国：实名制普及率较高

1997年德国提出世界上第一个互联网法案《多媒体法》，又称《信息与通信服务法》（Information and Communication Services Act），以解决互联网传输的违法内容，包括淫秽、色情、恶意言论、谣言、反犹太人等宣扬种族主义的言论，严格规范有关纳粹的言论思想与图片等相关

① 《互联网：依法监管是各国惯例》，《人民日报》，2012年12月19日专版。
② 陈一鸣：《美国 立法管理互联网的先行者》，《人民日报》，2012年6月9日第3版。

信息。

为防止未成年人受到侵害，德国政府建立了“危害青少年媒体检查处”，专门负责识别和检查互联网信息内容，监测不良信息网站的发展状况，并运用技术手段确保未成年人无法接触和翻阅不良内容，保证媒体传播信息的安全性。

德国内政部是负责互联网信息安全的最高国家机构，主要职责是对有害信息的传播进行防范。内政部下属的信息技术安全局负责应对和解决网络安全问题，下属的联邦警局负责网上可疑信息的实时跟踪，设立的网络警察负责监控有害信息的传播，并加强与美国联邦调查局、欧洲刑警组织等机构的国际合作，加强打击网络犯罪力度，共同监管互联网信息传播。

实名身份在德国社交网络的普及率很高。据 2012 年 6 月份信息技术公司 Bitcom 发起的一项调查显示，德国只有 2% 的社交网络用户使用的是虚假身份，58% 的用户使用的是完整姓名。① 德国主要的几家的社交网站 Facebook、Google + 以及 LinkedIn 也都在逐步推动实名制的实施。

（三）英国：重视行业自律，分级标准明确

英国对互联网内容的管理主要引用现有的法规，重点强调行业自律，从 1996 年开始，采取“监督而非监控”的思想，主要由网络观察基金会（Internet Watch Foundation，简称 IWF）来执行。

IWF 与由五十家网络提供商组成的 ISPA、伦敦网络协会（LINX）以及英国城市警察署、国内事务部的代表共同签署了一份“安全网络：

① 《互联网：依法监管是各国惯例》，《人民日报》，2012 年 12 月 19 日专版。

分级、检举、责任”（R3Safety－Net）的文件（又称《R3 安全网络协议》）。并以此为依据确定从业人员行为守则（ISPA，Code of Practice）。其主要精神包括鼓励新科技使用、帮助家长与教师认识新科技、网络提供者有责任确保内容的合法性等。

IWF 还制定了互联网内容管理具体措施，强调设立内容分级和过滤系统，让用户能阻拦或预先警戒令人厌恶的内容，鼓励用户自行选择需要的网络内容。IWF 主张通过内容分类标注技术，让用户自行决定是否要浏览成人色情、种族主义言论等内容。IWF 于 1997 年召开国际会议，开始大力推广 PICS 标准和内容过滤软件。2001 年，英国内政部设立儿童网络保护特别工作组，专门为保护儿童网上安全出谋划策。

（四）日本、挪威：网络管理纳入刑法范畴

1902 年刑法是挪威主要的传播适用法律，2005 年刑法修订将“公开场所”的定义扩大到了互联网，但该法律规定却因种种原因一直未能执行。2011 年 12 月 14 日，挪威议会对政府提交的一项关于在互联网发表不当言论的刑法修正案进行审议。挪威“7·22”爆炸和枪击案、“鼓动公众谋杀警察”[①] 案是这一修正案的主要催生事件。

日本也以刑法作为管理网络内容的主要规范，并通过行业者自律与技术开发双管齐下以保护互联网内容安全。1984 年，日本制定了《电讯事业法》。进入 21 世纪之后，日本又相继制定了《规范互联网服务商责任法》《打击利用交友网站引诱未成年人法》《青少年安全上网环

① 2011 年 8 月，挪威极右翼分子埃文德·伯格多次在其博客上鼓动公众对警察实施谋杀，根据挪威现行的 1902 年刑法，在“公开场所”发表威胁言论将被定罪，法庭以“公开场所”仅限于报纸等印刷媒体并不涵盖互联网为由，判他无罪。

境整备法》和《规范电子邮件法》等法律法规，以有效遏制互联网上的有害信息。2005 年 6 月 14 日，日本内阁府为首的多个政府相关部门成立了专门研究治理网络不良信息的局长级会议，又称作“IT 安心会议”。“IT 安心会议”成立后迅速提出了普及网络分级软件、支持网络运营商加强自主管理、充实国民的道德教育以抵制网络违法和有害的信息、充实信息提供以及心理咨询的窗口以减少网络自杀等多项基本对策。2005 年 6 月底，日本政府针对未成年人大力推广网络分级软件。通过普及网络分级软件，降低未成年人浏览不良网站的可能性，从而减少青少年犯罪，并抽查各政府机关以及学校的利用情况，以加速该软件的普及；政府还与学校合作，呼吁有小孩的家庭使用该软件；此外，针对手机上网情况，政府还推动能够在手机等终端上使用的网络分级软件。针对日本灾难频发的国情，日本内阁还向国会提交部分修改刑法的草案，以进一步加强对互联网的监管，防止地震后网络谣言对社会治安产生影响。

目前，日本《刑法》等法律适用于处理互联网谣言案件。一旦发现存在散布虚假、不实消息等行为触及相关规定，即可依法予以处理。例如，《刑法》第 233、234 条规定，散布谣言、破坏他人信用、影响他人正常业务者，均将追究其刑事责任。2011 年 4 月，日本国会针对互联网通信发展提出了《应对情报处理高度发展之刑法修正案》，特别针对防范计算机病毒、合法使用网络数据、保留访问记录等作出相关规定。另外，日本《互联网终端营业规范条例》规定，必须对网吧上网人员的姓名、住址、出生年月、联系方式等进行详细登记，同时要求对其网上行为记录保存 3 年。违者处以 6 个月停业处罚，拒不执行者则处以1年以下徒刑及100万日元以下罚款。违法顾客则处以50万日元以下罚款。

（五）东南亚国家

东南亚国家的互联网管理大体为政府主导，其中新加坡较有代表性。为杜绝非法内容及谣言危害社会稳定和国家安全的消息蔓延，新加坡政府于2003年成立新加坡媒体发展管理局，专门从事网络管理、监控，特别是过滤网络信息。该机构要求有关政治或宗教问题讨论的论坛网站必须事先注册。此外，新加坡政府要求互联网服务供应商屏蔽某些特定网站或网上的不实信息和言论。如果供应商失职将被处以罚款、暂停甚至吊销营业执照的处罚。除了针对互联网行业设立专门的法律外，新加坡原有的《诽谤法》《煽动法》《维护宗教融合法》等相关法律也适用于互联网管理。新加坡近年来还成立了国家网络威胁监控中心，由通信安全专家每天24小时进行监管，一旦发现有违规的团体或个人，将依法予以重罚。

三、我国网络舆论法制建设的路径

在网络传播对全球传播广度和深度的极大推动作用下，依法对网络空间的秩序进行管理和维护，并从新媒体发展的实际情况出发完善和修订现有法律法规，维护国家安全、社会稳定和公民权益，推动全球传播，已成为各国立法的共识。

法治是民主国家治国理政的基本方式。法律的出台必须考虑特定国家的国情特点，使之具备可操作性，同时反映人类社会一般性规律，具备包容性和发展的特点。随着我国经济多年的平稳较快发展，近年来经济总量不断跃升，社会生产力、经济实力以及综合国力大幅提升。在全面建成小康社会，加快推进社会主义现代化的建设中，建立健全与经济发展相适应的政治、社会、文化制度，在新闻传播领域，建设完善新时代网络舆论法律法规是网络社会治理的重要组成部分。网络舆论引导作为舆论引导的重要部分，是适应人民民主要求，推动社会发展要求的中国新闻法律法规体系的一部分。因而，明确网络舆论引导的法律界限，通过规范化、程序化、制度化地建立完善法律法规体系，是新时代中国网络舆论治理和舆论引导的基础性工作。本书认为进一步完善网络舆论引导法律法规应包括下列原则：

（一）逐步细化各类舆论引导主体的责任和义务

"去中心化"是网络媒体的主要特征之一，普通网民作为网络舆论的主体，弱化和消解了传统媒体的中心地位和话语权的垄断，互联网为公民言论自由提供了良好的技术平台。推进公民信息权和知情权首先需要政府通过资金投入和政策导向，进一步完善公民平等的信息权和消除网络媒体在地域、年龄、阶层等方面存在的"知识鸿沟"。因此，加强网络舆论监督管理的立法，完善相关电信设施建设，降低硬件成本，普及互联网，提高新媒体使用技能的培训，从法律层面保障公民享有平等的信息获取和表达权利，让更多的公民通过新媒体参与社会公共事务。

信息公开不及时、主流媒体缺席或失声带来的谣言、矛盾升级等问题，给公民知情权带来了损害，一定程度上带来了社会不稳定因素。"媒介失声最大特点就是媒介在重大问题上有意无意的失语、失音和沉默寡言，其具体表现或具体特征为：一是媒介传统的丢失，二是媒介常态的改变，三是媒介机能的失调，四是媒介职守的轻忽。”① 这种现象根源在于法律层面对政府和媒体的信息公开的具体行为仍缺乏规定，或有规定但难以划定责任。因而，进一步扩大信息公开的广泛程度，在不涉及国家安全等敏感领域的范围内，使政府和信息公开向纵深发展，以科学、规范的信息发布保障公民的知情权、监督权、表达权势在必行。

针对舆论危机事件较强的社会影响力和负向性、难以预料的特点，确立责任主体具有重要的法律意义。对于突发事件中应该遵循真实报道原则、突出时效原则以防止出现谣言、流言的论述已经较多，本书认为，网络舆论引导的前提是依法实施信息公开，即时准确的事实本身具有引导舆论的作用，对于在较短时间内缓解危机事件具有重要作用。政府和媒体是舆论危机传播中的两层责任主体。在政府部门坚持信息公开，政府信息公开的时效性、媒体报道的真实性的确立基础上，切实贯彻新闻发言人机制、行政问责制、罢免制等。对于重大事故责任主体不作为、误报、漏报、谎报情况给予明确的法律责任规定和纪律处分条例，防止加剧舆论情绪对立和事态扩大。

（二）重视不同主体间权利和义务的平衡

“义务不确定、权利界限不清晰的地方往往容易发生权利冲突。”② “权利冲突的相互性理论”③ 认为，权利之间存在着天然的矛盾，在言

① 邵鹏：《媒介失声：从金融危机看全球媒介雷达与预警功能的失灵》，《当代传播》，2009 年第 2 期。

② 王启富、马志刚：《权利的成本—效益分析》，《政法论坛》，1999 年第 4 期。

③ 根据美国法律经济学家科斯提出的“权利冲突的相互性的理论”，权利的享有和侵害具有相互性，如果不预先假定哪一方的权利更为重要，我们就会发现如果我们满足原告的请求，就侵犯了或要求限制被告的权利。因此，无论法院的最终决定如何，只要它保护一种权利的时候，实际上必然侵犯另一种权利。

论自由、新闻自由和名誉权、隐私权等之间，就具有这种必然的“冲突”。因而，“仅仅一般地在法律文本上承认公民或法人有权利是不够的，因为所有这些被承认的权利或许都会发生冲突。对法律活动来说，重要的不是承认权利，而是如何恰当地配置权利。判断保护何种权利，保护谁的权利是一个难题，因为谁也不能令人信服地声称自己的权利是优先的，并因此要求他人的权利必须为自己的权利让步。在权利冲突时，法律应该按照能避免较为严重的损害方式来配置权利。”①

以名誉权等的损害为例，《中华人民共和国民法通则》第 101 条中规定“公民、法人享有名誉权，公民的人格尊严受到法律保护，禁止用侮辱、诽谤等方式损害公民、法人的名誉。”第 120 条同时规定，“公民的姓名权、肖像权、名誉权、荣誉权受到侵害的，有权要求停止侵害，恢复名誉，消除影响，赔礼道歉，并可以要求赔偿损失。”“法人的名称权、名誉权、荣誉权受到侵害的，适用前款规定。”《互联网信息服务管理办法》对“侮辱或者诽谤他人”等侵害他人权益的内容列为禁止内容并规定了处罚办法。对于新闻侵权，最高人民法院对地方法院有关新闻侵权诉讼的请示的一些复函也是目前新闻侵权的可参考判罚依据。新闻和网络舆论法制化的难点，正在于权利和义务二者间的平衡，因而，保护公民和媒体舆论监督权的同时，必须以其言行不侵犯他人合法权益的原则为前提，对媒体失职和公民发布违法言论行为进行惩罚，将“发展”和“管理”并重，既用好新媒体，也管好新媒体，既发挥网络媒体重要的信息聚合、议程设置和舆论监督作用，也规避其人肉搜索等问题带来的言语暴力，这对于网络媒体的良性发展和网络舆论

① 巧苏力：《秋菊打官司案、邱氏鼠药案和言论自由》，《法学研究》，1996 年第 3 期。

的健康平衡至关重要。

（三）事前管理和事后管理并举

认识网络舆论运行规律和舆论引导规律，是提升舆论引导效果的关键，也是促进网络媒体持续良性发展的根本。网络舆论的特殊性决定了相关法律法规的制定必须考虑其复杂性、多元化的舆论运行规律，这是保证网络舆论引导“时”“度”“效”的前提。

首先，不断完善准入机制。准入机制以预先规定权限的方式对网络媒体的责任和义务做出了划定，目前我国对网络媒体实行准入许可的备案制度。2000 年 9 月出台的《互联网信息服务管理办法》规定从事互联网信息服务，需向主管机关申请，经核准后方能实行经营性信息服务，非经营性信息服务也需备案后方能实行；随后出台的《互联网电子公告服务管理规定》限定，未经专项批准或专项备案手续，任何单位或个人不得擅自开展电子公告服务。上述两个规定同时对网站在信息传播中配合国家机关进行内容保存、犯罪协查、信息提供等义务。2017 年出台的《互联网新闻信息服务新技术新应用安全评估管理规定》和《互联网新闻信息服务单位内容管理从业人员管理办法》，进一步从技术和人员两个方面对网络信息服务进行了相关准入说明。同时，不断完善约谈管理机制。约谈机制以事后追惩的方式对违法违规的网络舆论主体进行规制。2012 年 3 月“军车进京、北京出事”谣言恶劣社会影响“编造谣言”“网上传播谣言”人员被拘留或教育训诫。梅州视窗网等 16 家“造谣、传谣、疏于管理造成恶劣社会影响的网站”被关闭。北京、广东互联网信息管理部门对新浪和腾讯微博提出严肃批评，暂停其评论功能，清理后系统得以再次开放。①

2017 年 12 月 29 日，今日头条、凤凰网被约谈，是当前我国网络舆论管理约谈机制的典型案例。今日头条手机客户端作为新兴的互联网信息服务产品，在不具备互联网新闻信息服务资质的情况下转载新闻信息，违背了媒介伦理，在“注意力经济”的驱使下，大量传播“标题党”式、低俗黄色的负能量内容；凤凰新闻手机客户端违规自采和转载新闻信息，也给网络舆论生态带来干扰。国家网信办指导北京市互联网信息办公室，针对今日头条、凤凰新闻手机客户端持续传播色情低俗信息、违规提供互联网新闻信息服务等问题，分别约谈两家企业负责人，责令企业立即停止违法违规行为，对违规问题严重的部分频道暂停内容更新。今日头条手机客户端“推荐”“热点”“社会”“图片”“问答”“财经”等 6 个频道暂停更新 24 小时、凤凰新闻手机客户端“头条”“推荐”等 2 个频道暂停更新 12 小时。②

第二节　科学发挥政府在舆论引导中的主导作用

网络舆论对敏感的民生、发展、公平正义、贪污腐败等话题的关注时常形成热点舆情事件，只有妥善处理和协调各种利益矛盾，才能从根

① 黄庆畅、张洋：《十大网络谣言大盘点　军车进京、抢盐风波上榜》，人民网－《人民日报》，http：//sn. people. com. cn/n/2012/0416/c190205－16944472－1. html。

② 《北京网信办约谈今日头条、凤凰新闻手机客户端负责人　两家企业将暂停部分频道内容更新》，国家网信办官网，http：//www. cac. gov. cn/2017－12/29/c_1122187494. htm，2017 年 12 月 29 日。

本上冲破网络舆论引导的瓶颈，使得网络舆论在社会发展中发挥积极作用。

一、提高政府公信力，构建社会诚信体系

舆论引导涉及政府、媒体和公众这三类主体，从三者的关系来看，政府在其中发挥主导作用。网络传播在信息渠道、表达方式、权力控制方式方面的特点和内在规律与传统媒体的差异决定了政府、媒体和公众的关系已在一定程度上被重新构建。

大众传媒，尤其是主流媒体作为人民发声和参与社会事务继而参与政治的渠道，代表当前我国社会的主流声音，反映着政府的舆论引导意图；同时，主流媒体和政府的公信力情况反映出公众对媒体乃至政府的信任程度，这二者的公信力具有很大的重合度。但“媒体作为一支重要的舆论引导主体出现，因其信息传播的规律与政府信息传播规律的不同，在信息的选择，观点的关注、舆情的呈现等方面都会和政府这一舆论引导的主体有所不同，严重时甚至会发生冲突，引起舆论混乱。”① 尤其是网络舆论对公共议程设置的“分权”，极易造成政府声音、媒介报道、公众舆论三者不一致，网络舆论中的盲从、极化等社会心态一旦投射为普遍的社会心态，更易引发网络舆论事件甚至社会群体性事件。面对公众质疑，如何科学辟谣，不断提高政府公信力建设。

媒体是政府进行舆论引导的渠道。如果以政府和媒体的传播力衡量其影响力，那么，除了“量度”上指标化的传播范围大小、信息数量

---

① 赵振宇、焦俊波：《系统论视野下的突发事件舆论引导框架构想》，《现代传播》，2012 年第 10 期。

多少等因素之外，政府和媒体的公信力则在“信度”上决定着信息到达受众后能够产生的舆论引导效力，提高政府公信力是提升舆论引导能力的重要前提和手段。邓玉娇案三次案情通报内容不一致、杭州“飙车案”事件网友质疑当事人身份、广东“乌坎事件”“俯卧撑”等舆论引导失误案例，都是由于政府在处理事件中信息不透明、不公开和不及时、不准确，直接导致民众的质疑，使后续真相披露和舆论引导困难增大，效果弱化。政府在舆论引导中除了使用各种公关技巧之外，获得网络舆论引导主动性和实效性最为根本的在于政府诚信，在舆论引导中充分贯彻《信息公开条例》和《突发事件报道法》，对网络舆论生成和传播中的信息的复杂性、不确定性甚至不可控性进行科学引导，准确、如实地发布信息，运用网络自身的规律进行制衡而非封堵，是不断提高公信力的有效途径。

在我国，政府公信力向媒体公信力的投射是官方主流媒体公信力构成的重要组成。各类媒体在舆论引导中，其公信力虽与传媒自身的作为密切相关，但舆论引导从根本上取决于政府部门的社会责任和职能实现情况的好坏。因而，政府遵循网络传播规律，积极推进社会事务信息公开，建设信息和网络平台，有效利用网络媒体，发挥网络“把关人”的作用，最大程度消除网络谣言和负面信息言论，使得公众获知、参与和反馈的渠道通畅，才能提高政府的公信力，建立起整个社会的诚信体系，进而有效地引导网络舆论。

二、网络舆论引导和舆论监督的“合力”

舆论监督是人民群众通过媒体等渠道和手段对国家和社会公共事务

进行的监督。舆论监督在我国《宪法》中有较为明确的法律依据，《宪法》第四十一条规定，中华人民共和国公民对于任何国家机关和国家工作人员，有提出批评和建议的权利；对于任何国家机关和国家工作人员的违法失职行为，有向国家机关提出申诉、控告或检举的权利，但是不得捏造事实进行诬告陷害。这一规定是公民依法在言论自由基础上进行舆论监督的根本性依据。“在我国，坚持正确的舆论引导与坚持正确开展舆论监督，是‘两位一体’的关系。从广义上说，坚持正确的舆论引导，就包括了坚持正确开展舆论监督。……从理论上说，舆论引导和舆论监督不仅不矛盾，而且以坚持真、善、美，抵制假、丑、恶为职志的舆论监督，本身就是在实施正确的舆论引导。”① 在网络舆论场中，由于传受主体一定程度上的一体化，舆论引导和舆论监督的联系更为紧密，公民在舆论监督中的作用空前重要，使得网络舆论监督带来的网络事件，成为媒介议程设置的重要来源。因此，网络舆论监督本身即是舆论引导的重要组成，它在本质上是人民群众通过网络媒体对国家和社会公共事务进行民主监督的行为，核心是人民群众的政治权利的实现。

从舆论传播的过程来看，舆论引导往往在“话题”和“价值”两方面对公众进行议程设置。积极的“网络舆论引导”暗含着网络信息的丰富、多元和舆论互动的自由与充分这些逻辑前提。因而，将网络舆论监督与党内监督、民主监督和法律监督相结合，是完善网络舆论引导机制的必要途径。

从舆论监督的主体来看，舆论监督的主体是公民，我国《宪法》

---

① 雷跃捷：《科学认识和把握新闻宣传工作的几个重大关系》，《中国广播电视学刊》，2013 年第 1 期。

第二十七条第二款规定“一切国家机关和国家工作人员必须依靠人民的支持，经常保持同人民的密切联系，倾听人民的意见和建议，接受人民的监督，努力为人民服务。”由于大众传媒所掌握的资源、人力财力和物力，使其比普通公民具有更为强大和专业的监督能力。监测环境功能和社会协调功能是传播的两项重要社会功能。大众传播媒介的环境监测和社会协调能力集中体现在其舆论监督的过程中。因而，大众媒体是公民舆论监督的代为行使主体，新闻媒介通过“对社会权力、公共政策、社会事务中的偏差行为进行披露、建议乃至批评的一种倾向性传播”①，实现新闻舆论监督并发挥社会影响。而上述监督的对象中，公共权力及其行使者——各级政府机构及其工作人员，尤其是政府官员，是当前网络舆论监督的焦点。舆论监督最主要的意义在于监督与约束公共权力，大众媒介在监督和约束公共权力的运行中的重大作用和能动性，在网络舆论事件中尤为明显。

在固有的新闻政策、报道模式下，报纸和广播电视等传统媒体的有组织性舆论监督，与网络舆论监督的自发性议题生成呈现出明显的区别。经由网络舆论传播形成社会议题后传统媒体的议题跟进，一方面表现出各类媒体中舆论强大的传播合力，对社会问题具有很大的推动和解决作用。另一方面，网络舆论监督弥补了官方议程设置的不足，它更易于使公民展示和传播自己的观点、意见，并通过网络监督设置议程。

与传统媒体舆论引导失误后的反馈速度和反馈方式不同，网络传播中，针对各类媒体，尤其是网络媒体舆论引导失误的截屏、源文件保存和快速反应、批判中，网民往往表现出尖锐、犀利的“反击”。在接触

① 田大宪：《新闻舆论监督研究》，中国社会科学出版社 2002 年版，第 1 页。

到与事实或其中细节明显不符的情况，或对传播内容和价值倾向不满时，网民就会有“采取与传播者愿望相反的态度的倾向”,[①] 表现出强烈的逆反心理。这既与媒体的公信力不被认可有关，又是网民进行“吐槽”和情绪宣泄的需要，网络舆论表达主体的诉求和情感表现出多元复杂的特点。

中日钓鱼岛事件中的民族和民生

2012 年 9 月 7 日上午，一艘有 15 名船员的中国拖网渔船“闽晋渔 5179 号”在钓鱼岛附近海域进行捕捞作业时，日本海上保安厅一艘巡逻船“与那国”号赶到钓鱼岛海域黄尾屿西北 12 公里处现场，试图“驱逐”中国渔船，并冲撞“闽晋渔 5179 号”。“与那国”号巡逻船船尾附近部位与“闽晋渔 5179 号”船头附近部位发生碰撞。巡逻艇的栏杆支柱断裂。

日本海上保安厅随后派出两艘巡逻艇“水城”号和“波照间”号，对中国渔船进行追踪。在距黄尾屿 15 公里处，“闽晋渔 5179 号”与阻止其前行的“水城”号巡逻艇右舷发生碰撞。

据日本海上保安厅称，两次碰撞没有造成双方人员的伤亡和燃料泄漏。“与那国”号巡逻艇甲板上的两根支柱断裂，“水城”号巡逻艇船体被撞出坑洼，另有五六根扶手被碰断。但其并未透露中国渔船的受损情况。

13 时左右，6 名巡逻艇上的日方保安官强行登上中国的渔船，迫使“闽晋渔 5179 号”停止行驶。其后海上保安总部派出 22 名海上保安官，登上中国渔船，以涉嫌违反《渔业法》为由对“闽晋渔 5179 号”进行

① 郑兴东：《受众心理与传媒引导》，新华出版社 2004 年版，第 258 页。

了搜查。

事发后第一时间，7 日下午，中国外交部新闻发言人强调，钓鱼岛及其附属岛屿自古就是中国领土，中方要求日本巡逻船不得在钓鱼岛附近海域进行所谓“执法”活动，更不得采取任何危及中国渔船和人员安全的行为。中方将密切关注事态发展，保留做出进一步行动的权利。

15 日、16 日，西安、长沙、株洲、深圳等多城市的反日游行中，出现了针对日系车主和日货商场的大规模打砸抢行为。一些日本人控股的商场和店铺遭遇砸抢，不少行驶或停放在街头的日系车被捣毁。

在整个事件中，坚决维护钓鱼岛主权的呼声，抵制日货的条幅，游行示威和打砸行为背后，表现出中日两个民族间的宿怨，抵制日货的历史渊源，民族仇恨，压抑心理等理性和非理性的社会现象和民众情绪。

据湖南省纪委干部陆群在个人微博“御史在途”透露：某市拘留了 47 名参与打砸日系车和日货店的青年，在讯问时发现，有 12 人不知道钓鱼岛在哪里。这进一步验证，反日游行中，相当一部分民族诉求背后蕴藏的，其实是底层百姓的民生诉求。街头施暴者违法必究，但全社会对困难群体的处境需深刻反省，找到救助和矫治之策。① 这表明当前我国的社会矛盾、利益冲突在表达方式上的复杂化、情绪化、非利益相关化等现象。

网络媒体作为一个虚拟的社会场所，其匿名性、开放性为自由言论提供了理想的宣泄和争论平台，其渲染力和传播效应也带有负面影响，导致了虚假新闻的产生和泛滥以及网络群体性暴力的发生。因而，在保

① 祝华新等：《2012 年中国互联网舆情分析报告》，《2013 社会蓝皮书》，社会科学文献出版社，2012 年版，195 页。

障舆论监督权利的同时，通过制度与法律保障机制来规范网络舆论监督主体的行为同样具有急迫性。对利用网络舆论监督方式泄露秘密、造谣诽谤、侵犯隐私、歪曲事实、人身攻击等侵犯他人权益、违法乱纪的行为人进行严惩，是保证言论自由和监督有序的必要手段。

网络舆论本质上是一种"公言论"，是"与公权力有关的言论，特别是指涉及公共利益、讨论公共问题的言论。……而公权力，即公共权力，是指直接涉及公共利益和与公共活动有关的权力，包括的范围很广泛，上至国家领导人治国的权力，下至公共机构普通职员行使的管理权。"① 公民是网络舆论监督的主体，近年来我国网络监督和反腐在社会生活中产生的巨大作用，虽然说明了公民的参政议政的积极性、实效性和创造力，但一定程度上也反映出其他监督机制还有待完善。从根本上来说，公民对政府"舆论监督"权利的实现，在道德和情理的基础上，依赖于民主政治国家的制度设计。

三、不断完善网络舆论引导相关协同机制

舆论引导是对社会意识和价值观念"共识化"的一种规范行为，建立在社会生产生活等基本制度的基础上。我国社会发展尚存在不平衡不充分的情况，因此从根本上说，舆论是否和谐，根源于广大人民群众的根本利益是否得到保障，利益诉求能否获得回应。因此，社会问题的解决是舆论和谐的内因，舆论引导应注重与相关社会机制的互补互动。社会分配、社会保障、民主监督等制度是否健全，落实情况是否公平、

---

① ［美］德沃金：《认真对待权利》，信春鹰等译，中国大百科全书出版社 1998 年版，第 27 页。

公开和公正，深刻地制约着舆论引导机制正常运行。

（一）舆论引导失当的行政问责

舆论引导失当的行政问责是保障舆论引导制度化的重要举措。行政问责制是“政府或行政官员因未能履行其职责，或在履职过程中滥用行政权力，抑或因行政不作为而违反法定义务，以致影响行政秩序和行政效率，或者损害行政相对人的合法权益，给政府造成不良影响和后果时，由特定主体追究其责任，责令其承担某种否定性后果的规范性制度设计。”① 问责制是现代民主政治的代表性制度之一，是国际上民主政治国家对政府权力制约的通行手段。行政问责的对象是拥有和执行行政权力的行政机关及其公务员。作为“一个具有前瞻性的过程，通过它，政府官员要就其行政决策、行政行为和行政结果进行解释和正确性的辩护，并据此接受失责的惩罚。”② 2009 年 6 月颁布实施的《关于实行党政领导干部问责的暂行规定》对因决策失误、工作失职、管理监督不力、滥用职权、突发性事件处置失当、违反干部选拔任用工作规定以及其他失职行为而造成重大损失或恶劣影响的七种问责情形进行了规定。目前，我国各地出台了行政问责的相关办法和预案，如《长沙市人民政府行政问责制暂行办法》《天津市人民政府行政责任问责制试行办法》《大规模群体性事件应急预案》等，行政问责制作为一项政治制度已经成为我国民主政治、责任型政府建设的一部分。

网络舆论成为近年来发起行政问责的重要力量。在三鹿奶粉事件、

① 刘祖云、王彬彬：《责任政府：行政问责从学术、立法到机制的逻辑》，《学术界》2008 年第 5 期，第 96 页。

② 世界银行专家组：《公共部门的社会问责》，中国人民大学出版社 2007 年版，第 13 页。

华南虎事件、躲猫猫事件等重大网络舆论事件的行政问责中，政府相关机构及其工作人员接受询问、质疑的案例表明，对于舆论引导失当及其负面后果的行政问责已渐成趋势。

（二）网络舆情监测和民意调查

网络舆情监测主要从网络新闻和网络评论中提取舆情动态，对于与突发事件和违法信息来说，网络舆情监测通过对舆情信息时空分布、强度等的收集、筛选、内容分析等，对于潜在的舆情（高频词、敏感词）可能引发的群体极化和舆情爆发，在其“燃点”之下进行预警。但是，由于网络显性舆情和热点事件之下的隐性舆情难于被监测，且舆情监测结果和真实民意之间还存在一定差距，网络舆论与社会舆论二者并不重合。一方面，一段时间内网民对网络中的舆论热点讨论激烈，但主题非常集中，从整个社会的舆论情况来看，典型性和代表性有限。另一方面，网络中“情绪化”言论和娱乐化信息的普遍存在“稀释”了舆论的核心问题。此外，受利益驱动，网络推手或企业的“网络公关”也给舆论引导精准地定位问题增加了难度。因而，除了使我国网络舆情监测更为专业化和规范化之外，对于主题非常确定的民意收集而言，获取公众对于某种政策或者事件的态度和价值取向；或出于政策制定的需要，或时间跨度更长的定期调查而言，开展有序的民意调查，开辟公开、通常的民意测评途径则更为有效。通过民意调查，使民意作为舆论被政府知晓，反映出基层的信息和声音，能使政府的日常舆论引导更具针对性和科学性。

民意调查也叫民意测验，是运用系统性、科学性、定量性的步骤，迅速、准确地收集公众对公共事务的意见，以检视公众态度变化的社会活动，其主要功能是真实反映各阶层民众对公共事务的态度，以为政府或相关单位拟定、修正、执行政策的参考。民意调查被称为舆论的晴雨表，它具有反映舆论，引导舆论和制造二次舆论的作用。① 因此，网络舆情监测以网络为监测对象和手段，更为宏观和隐蔽；民意调查则更多地以具体事项和主题出发，公开地对公民进行意见收集。除了建立舆情收集机制外，建立民意调查与分析机制，以全面、科学、客观、量化地进行舆论研判。

民意调查是反映舆论方向与强度的一个重要指标，其结果可以为政府决策提供参考。“源源不断的数据和全方位的议题设置，既能使政策制定者在事前及时获得第一手材料作为判断的依据，也能使研究者在事后的对比和监测变得简单易行……在高度发达的市场经济中，民意管理的先进机制，深深依赖着民意测验与调查。”② 民意调查能够提高政府和媒体进行决策和议程设置的准确度，将舆情监测机制与民意调查机制相结合，有助于网络舆论引导的精准化。

总之，网络舆论植根于社会现实问题，引导网络舆论要以促进问题的解决为根本，将线上引导和线下引导相衔接，消除社会矛盾是畅通舆论之根本。政府依法、科学、民主的决策机制，舆论引导失当行为的行政问责机制，公民利益诉求和表达、信访机制的畅通，是舆论引导机制充分发挥其功能的有力后盾。

此外，面对网络自然灾害、事故灾难、公共卫生事件、社会安全问题等不同类型的网络舆论，在信息公开尚不能完全涵盖的议题范围内，

---

① 王石番:《民意理论与实务》，台北黎明文化专业公司 1995 年版，第 24 页。

② 纪忠慧:《美国舆论管理的理论动向》，《南京社会科学》，2010 年第 8 期。

积极引导社会焦点问题是政府和主流媒体的职责。除了及时在网上进行反馈，建立起适应各类事件的信息分类反映和相关机构的跟踪、发布和反馈机制外，对网络舆论中反映出的真实情况，相关管理部门应快速介入处理；而对网络谣言，则要在第一时间澄清事实，举行新闻发布会等形式披露真相，消除负面社会影响。防止淡出公众视野，不了了之的"烂尾新闻""烂尾事件"产生网络舆论对政府和媒体公信力的质疑。

第三节 充分体现主流网媒在网络舆论引导中的主体地位

观点和意见的传播需要一定的媒介，在舆论引导的具体实施过程中，不同媒介的引导功能各有不同。人际传播、组织传播、群体传播和大众传播的引导特点、引导能力也各有不同。大众传播媒介由于其传播介质种类的多样化及其在现代社会中强大的渗透力和影响力，是国家和政府开展舆论引导的重要工具。尽管对"舆论引导"相关的界定、理解以及具体实践有所差异，但世界各国无一例外地重视大众媒介在观点、意见传播方面所发挥的巨大作用，尤其是新媒介环境中，网络媒体对社会舆论领域所发挥的功效，越来越受到社会管理者的关注。

媒体不仅是传达党和国家意志的重要平台，而且也应成为公众意见表达的途径，更应成为沟通两者的桥梁。在我国，新兴媒体的出现，在传播方式、表现手法以及管理规制等方面与传统媒体存在一定的差异。由于网络媒介本身的传播特性，使之成为众多舆论事件的发生地，频发的网络舆论事件撬动了社会系统的一些敏感环节，事件处理结果的相对公开、透明、观点、意见的传递、沟通及互动表达的高效，使得网络媒体在社会舆论的表达和引导中起着重要作用。因而，从舆论引导的角度而言，网络媒体的舆论引导是网民感知引导水平和引导意图最直接的“末梢神经”。不过，目前网络媒体由于受到利益驱动、政策限制、公信力缺失、引导方式不佳等因素的制约，在舆论引导方面所发挥的作用有限，需要进一步完善。

一、规范网络媒体采访权

我国的报纸、广播、电视等传统媒体记者大多具有新闻采访权。而对于网络媒体这一“后来者”在发展中存在的乱象，我国对网站的新闻采访权进行了限定。2005 年，国务院新闻办、工信部（原信产部）发布《互联网新闻信息服务管理规定》（以下简称《规定》），对互联网新闻信息服务单位从事互联网新闻信息服务的相关行为进行了规范，指出“新闻信息”是指“时政类新闻信息，包括有关政治、经济、军事、外交等社会公共事务的报道、评论，以及有关社会突发事件的报道、评论”。《规定》对新闻网站和商业网站进行了区分：新闻网站是指新闻单位设立的刊载新闻信息、提供时政类电子公告服务、向公众发送时政类通信信息的互联网新闻单位，新闻网站具有与原有媒体同样的新闻采编权；另一种则是非新闻单位设立的转载新闻信息、提供时政类电子公告服务、向公众发送时政类通信信息的互联网新闻信息服务单位，实际上主要是指商业网站。针对商业网站，除了必要的备案、资金、场所、规章制度等规定外，《规定》对于新闻采访权和新闻转载进行了明确限定：非新闻单位设立的转载新闻信息、提供时政类电子公告服务、向公众发送时政类通信信息的互联网服务单位，不得登载自行采编的新闻信息，并且应当转载、发送中央和省级直属新闻单位发布的新闻。

这些规定直接决定了依附于传统媒体的新闻网站与一般的商业网站在采访权上的差别。诸如人民网、新华网等新闻网站的采访权，实际上是其所在的传统新闻媒体采访权的延伸，而对于非新闻媒体起家的各类商业网站，则只能靠转载的方式来刊登新闻。在这样的政策约束下，类似于新浪、搜狐、网易等国内颇具影响力的商业门户网站，虽然已经具备了一定的新闻采访实力，但由于没有新闻采访权，其记者无法申请领取记者证，严格而言，都不能从事新闻采访和报道活动。目前，商业门户网站所刊登的新闻主要转载自政府部门的官方网站或传统媒体及其开办的新闻网站。然而，在体育类、娱乐类新闻方面，商业门户网站由于转载新闻来源的局限性和新闻内容较弱的政治性，在实际操作中存在大量的自行采访和报道。从网络媒体发展的实际需要来看，不具备采访权终究不能满足其生存和发展的现实需求。

2010 年，原新闻出版总署针对网络媒体采访权问题给予公开回应："为扶持我国重点媒体进一步扩大网络传播，我们支持国家重点媒体所办的新闻网站依托传统媒体申领新闻记者证，开展新闻采编工作，扩大国家的新闻传播能力。也就是说，如果条件具备，人民网、新华网等国家重点新闻网站可以依托其传统媒体申领新闻记者证。而商业网站不是新闻单位，由于其没有合法采访和首发新闻的资质，经批准的也只有转发新闻的职能，没有自采新闻职能，因此这类网站一律不发放新闻记者证……从国际上看，外国的新闻网站也都是依托于传统媒体发展起来的，大部分国家都没有把网站列为新闻媒体，而主要是传统媒体向互联网的延伸；此外，历届奥运会、历届世博会和重大国际活动也都没有把网站列为新闻媒体，也不给网站发放采访证件，但允许有偿转播转发传统媒体的资讯。”① 从这段表述来看，新闻管理部门对采访权的认可，主要依据是否为新闻单位。传统新闻单位开办的网站，实际上是传统媒体在网络平台上的延伸，是采访权的一种延伸。而商业网站就其开办的初衷来看，非新闻单位的背景及商业利益的显著性也决定了其无法取得采访权。从某种意义而言，规定有助于保证网络媒体保持正确的发展方向，防止其过度追逐商业化利益而丧失新闻本质、忽视社会效益。从政府舆论管理的角度来看，这一规定有利于舆论传播和引导的集中化。然而，随着网络媒体发展势头的日益迅猛，尤其是在网络媒体成为社会排气阀的重要平台，众多舆论事件通过网络爆发的现状下，网络媒体的影响力逐渐扩大。网络媒体已经成为舆论引导的重要阵地。

作为舆论引导的重要手段，新闻事实的传播若不能够很顺利地得以实现，终究会影响网络媒体舆论引导功能的发挥。转载新闻的过程，本身就存在着一定的风险。随着每次的转载与编辑，越来越多的主观内容与想法会注入新闻中；更有甚者，一些商业网站会出于追求点击率、吸引眼球等方面的因素考虑，在转载时夸大标题效应、注入“合理想象”元素，或未经核实整合多方消息来源制作新闻，用以博得商业利益，忽略新闻的真实性。长此以往，网站的公信力会丧失，更无从谈及舆论引

① 《新闻记者证换发即将结束商业网站没有新闻采访权——新闻出版总署新闻报刊司负责人答记者问》，2010 年 2 月 22 日，人民网，http：//media. people. com. cn/GB/40606/10997717. html。

导。因此，要想真正实现积极的舆论引导，必须规范网络媒体采访权的发放和管理，提高网络媒体舆论引导专业性。

2014 年，国家互联网信息办公室和国家新闻出版广电总局联合下发《关于在新闻网站核发新闻记者证的通知》，经国家互联网信息办公室批准的且取得互联网新闻信息服务许可一类资质并符合条件的新闻网站从业人员准予申领。2015 年，网信办发布《关于在 14 家中央主要新闻网站核发新闻记者证的通知》，主要新闻网站的记者开始考取记者证。2017 年，网信办发布《新闻网站新闻记者证申领和注销工作指南》，进一步规范新闻网站新闻记者证申领和注销要求。三年来，相关规范日渐完善，中央地方重点新闻网站、全国性行业新闻网站的采编人员分期分批取得记者证资质认定。在利益诉求和思潮观点汇聚的网络舆论生态中，这对于从业人员激浊扬清，壮大主流声音，提高网络媒体舆论传播力、引导力、影响力和公信力具有重要意义。

二、完善主流新闻网站舆论引导的方式方法

传统主流媒体的新闻网站借助传统媒体的采编资源，相比较于商业网站，在新闻报道、评论等方面具有得天独厚的优势。加之人们关注舆论事件渠道的网络媒体偏向，主流新闻网站理应成为舆论引导的重要平台。新闻网站的核心竞争力在于其新闻资源，这也是其发挥舆论引导功能的最重要手段。

传递信息、报道事实是新闻媒体最基本的功能。人们通过媒体了解各种事件的发生和进展，这是媒介“生命力”的内核。从引导效果的角度而言，缺乏事实真相的舆论引导是苍白无力、无法立足的。人们需

要各种信息和新闻来进行思维判断，进行观点、意见的表达。因此，对于各类媒体而言，新闻事实的传播是舆论引导最有力的方式。

主流新闻网站与其他商业网站最显著的区别就是其新闻资源和新闻报道力量的雄厚。这些新闻网站应当秉承新闻报道的真实性、客观性和及时性等基本原则，利用资源优势开展真实、准确、透明的报道。尤其是在突发事件发生之时，更应快速出击、随机应变，尽快主动地提供全面的事件进展情况。此外，还须迅速了解和把握网上各种新型信息载体的脉搏，迅速回应公众关切，在突发事件和敏感问题上不能缺席、失语、妄语，防止因信息传播不顺畅而造成事情进一步恶化。随着网民素养的提升，网络舆论引导中，对于事实的报道在真实准确及时之外，细节的完善也成为提高引导能力的重要方面。

在新媒介环境中，人们选择接受信息的渠道也在拓展，单纯的说教式报道不能满足人们对新闻信息的需求。因此，基于传统主流媒体的新闻网站应当从改变报道形式入手，尊重新闻传播规律，将更新鲜、更贴近的新闻报道呈现出来，在新闻事实的报道中开展舆论引导。网络媒体区别于其他传统媒体的另一优势就在于，其超链接的报道形式更有助于还原新闻事实，在事件报道过程中对全方位展开报道具有独特优势。新闻网站应充分发挥网络媒体的传播优势，以巨大的信息承载量和相对自由的讨论空间，来进行观点的引导与交流，从而提升网民参与新闻网站互动的使用率，增强网络媒体的舆论引导效果。

三、加强新闻网站公信力建设

面对社会发展中存在的热点、难点问题，网络媒体应当承担其社会责任，发挥自身的优势进行舆论引导。过去一段时期内，一些传统媒体采用回避、失语的方式面对社会问题，使得人们无法从媒体这一理应发挥信息传递、解疑释惑功能的渠道，获取事实和真相，更无从谈及观点的交流与碰撞。长此以往，人们便无形中对新闻媒体产生一定的不信任感。而网络媒体的兴起，恰恰为人们提供了一个获取信息、观点交流的平台，这也能够解释为何许多舆论事件发端于网络媒体。但网络媒体中的谣言传播、虚假信息等问题，又使之存在公信力低的问题。因此，对于网络媒体而言，如何提高自身公信力，增强舆论引导效果，成为一个亟待解决的问题。

较传统媒体而言，网络媒体在互动的及时性和交流空间的相对宽松等方面，有着天然的优势。网络媒体可以将社会发展中存在的问题更为直观、具体地反映出来，让人们看到其面对社会矛盾所采取的不回避态度，这样可以使得社会各方面直接产生矛盾冲突和摩擦的可能性降低，发挥“社会安全阀”的作用。网络媒体可以凭借其观点交流的相对自由和宽松的优势，及时反映有关社会发展中问题和矛盾的多方意见和声音，在事实公开、观点交流中实现舆论引导。

然而，“社会安全阀”功能的发挥也并不是盲目的。网络媒体在自由传播信息和发表各方声音的同时，也需要承担一定的社会责任。一味地展现和批评，并不能完全解决问题。这其实仍然反映出媒体的“自由与责任”问题。为吸引点击率和眼球的“擦边球”内容和“标题党”文化现象等，使得舆论引导力深受影响。媒体在自由和责任的平衡方面应该做到：

一种就当日事件在赋予其意义的情境中的真实、全面和智慧的报道；

一个交流评论与批评的论坛；

对社会组成群体的典型画面的投射；

对社会目标与价值观的呈现与阐明；

充分接触当日消息。①

而适应网络文化的特点和生成机制中自由和责任的平衡，网络媒体在舆论引导中更应从事实出发，充分发挥网络媒介优势，消除传播弊端。使公信力成为网络媒体发展的重要“资产”。我国传统的报纸、广播电视媒体的公信力长期以来高于网络媒体，但近年来，网络媒体，尤其是主流网媒的公信力渐渐升高，微博等网络媒体的社会影响力在推动网络舆论事件发展，推动事件解决的过程中得以彰显，其公信力也逐渐树立起来。

一项调查显示，虽然网络已经成为人们获取信息的第一渠道，但是对重大突发新闻的认可，依然会倾向于向传统媒体求证。以报纸、电视、广播、杂志、互联网、手机、朋友家人、单位同事、街头传闻等不同的信息渠道为第一信息渠道进行问卷调查——假如从上述某个渠道获得了第一信息和新闻来源，被访者最希望从哪个渠道验证该信息和新闻。可信度的数据调查显示，在获得了第一信息和新闻来源后，被访者最希望选取验证该信息和新闻可信度的渠道中，前三位为电视、互联网、报纸；后四位为杂志、手机媒体、街头传闻、单位同事。而在上述渠道对同一新闻的报道不一致时，被访者最信任的渠道为电视，占被访

① 《一个自由而负责的新闻界》，中国人民大学出版社 2004 年版，第 12－15 页。

者全体的 61.9%，其次为互联网和报纸（见图 5－3）。①

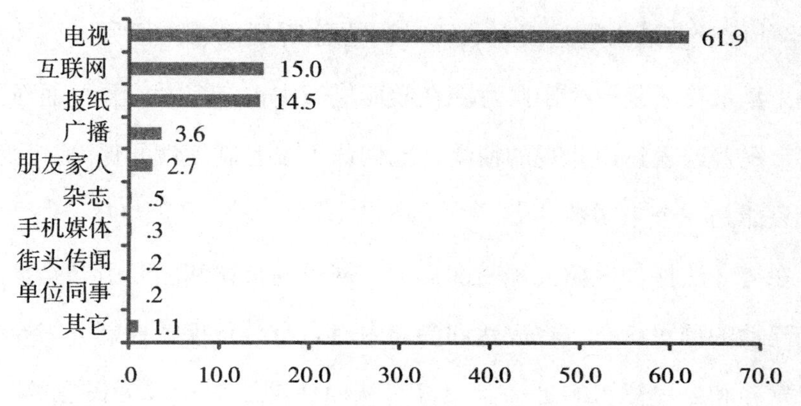

图 5－3 受众对各类媒体作为信息验证渠道的选择（%）

因此，网络媒体公信力的形成和提高是一个长期而复杂的过程，从各类媒体的发展过程来看，获得公众信任的能力和其影响公众的能力不是一蹴而就的。从网络舆论的引导主体来看，提高各类媒体的公信力质量，对于网络舆论引导都具有积极意义。

公民参与是舆论引导取得成效的关键，疏通公民的参与和表达途径，能够有效减轻网络舆论带来的社会紧张和压力。舆论引导机制功能的实现最终要以公民多元的参与途径和多层次的参与行为作为落脚点。2007 年厦门 PX 事件是网络舆论推动公民政治参与的标志性事件。从网络舆论发起、讨论，到意见的集聚，活动的组织，到有序的静坐和散步示威，一定程度上显示出我国公民理性参与社会事务的意识。但研究者

① 雷跃捷等：《广播电视传媒公信力研究》，社会科学文献出版社 2013 年版，第 123 页。

在对厦门市民进行焦点小组访谈中发现，参与此次事件的厦门公民在事后并没得到多少政治功效感的提升，他将市民的这一心理现象解释为："网络能够让普通人表达反对，而政府也能听到民意；但另一方面，网络的力量最终还是取决于民意能在政府决策中占有多大位置，而对这一点，市民普遍表达出悲观的情绪，他们认为没有制度性的保障，民意的力量只能是一个未知数。"①

在遵守法律，遵循公德的前提下，网民的自律和相互引导是良好舆论场互动的理想状态。在表达和参与中对自身言行保持控制，需要公民媒介素养和公民意识的进一步提高，从而使网络舆论成为民意的代表，推动社会问题解决的有益力量。在当前全球化、文化多元化的大背景下，媒体类型和数量不断增多，新媒体环境中，信息呈现爆炸式、碎片化地生产和传播，传播途径也日益复杂化。公众选择、接触、理解、参与媒介，理性地接触和使用、评价媒体的难度明显增大。尤其是在群体事件中，个体置身于群体的意识之中，由于感受到群体意识或行为的保护及他人类似行为的"支持"，责任意识被淡化，容易放弃个体意识，产生从众心理和行为。这种群体性心理状态在网络中，由于平台的虚拟性和参与者的匿名性，产生的盲从、散布谣言等行为表现得十分明显。因而，网络舆论引导需要着眼于媒介素养教育和公民教育，从而在舆论主体的公民意识和公民责任方面发挥作用，使得舆论质量取得根本性改变。

20 世纪 90 年代，我国新闻传播学研究领域对媒介素养、媒介素养

① 周葆华：《突发公共事件中的媒体接触、公众参与与政治效能——以"厦门 PX 事件"为例的经验研究》，《开放时代》，2011 年第 5 期。

教育开始有所关注。学界大多是以介绍西方国家开展媒介素养教育、媒介素养理论研究等方面，将媒介素养这一理念引入我国。然而，在很长一段时间内，媒介素养在理论研究层面远远领先于实践领域。早期的实践活动，也是由研究学者发起，如卜卫在中青网“少年园地”频道开设了“媒介课堂”栏目，通过网络这一青少年经常使用的媒体向他们开设“一种使我们获得对大众媒介具有批判能力的新课程”①；2004 年 10 月 1 日，复旦大学媒介素养研究小组开设了中国大陆第一个专业的媒介素养网站（http：//www. medialiteracy. org. cn/），等等。然而，纵观西方国家，媒介素养教育不只是停留在研究领域，更多的是体现在学校教育、媒介实践乃至公民素养提升的环节中。尤其是进入新媒介环境中，公民信息素养的提升又被提上了新的日程。近年来，虽然我国部分学校已经意识到媒介素养教育的重要性，大众媒介也考虑将提升受众媒介素养纳入传播内容中，但是整体上尚未在全社会形成媒介素养教育的完整体系和可持续性发展的态势。如前文所述的中青网“媒介课堂”和复旦大学媒介素养网站，在网络上已经找不到踪影，这从一个侧面也反映出社会对媒介素养教育的关注程度不高，光靠研究领域推动难以维系。这与新媒介环境下网络舆论引导对媒介素养的要求不相匹配，因而推动和加强媒介素养乃至公民素养教育很有必要。

（一）从学校教育层面推广媒介素养教育

媒介接触作为一种终身性的行为，也决定了媒介素养教育应该分阶段、有重点地进行。其中最基本的，是在学校以教育制度的硬性方式普及媒体知识，进行媒介素养专业教育，增强受众对信息传播过程的了

① 刘伟国：《中国媒介素养教育现状及实施难点分析》，《新闻界》，2005 年第 1 期。

解，提高受众与媒介之间进行互动的能力和对媒介内容的判断、鉴赏，尤其是理性批判能力，这已经在各国媒介素养教育实践中形成共识。

然而，从我国中小学、大学的媒介素养教育开展的实际状况来看，媒介素养教育尚停留在初期试验性的实践阶段，且起步时间较晚。张洁、徐雯（2012 年）认为，自 2008 年起，中国大陆地区的媒介素养教育研究进入媒介素养教育实践阶段。据她们的调查统计结果，2008 年至 2011 年期间，在中国大陆已经开展的媒介素养教育实践研究主要有："中国传媒大学传媒教育研究中心与北京市东城区黑芝麻胡同小学合作开展的针对小学高年级学生的媒介素养教育课程研究；2009 年，东北师范大学与长春市南关区教育局合作，在长春市西五小学开始媒介素养教育实践；2010 年起，浙江传媒学院在杭州市中小学，广东中山市教师进修学院在中山市中小学也先后开始开展媒介素养教育实践研究。"① 可以说，在中小学开展的媒介素养教育实践上远远未能达到普及状态。而相比较中小学，大学的媒介素养教育相对开展较早，这也与早期大多数媒介素养研究者来自于高校有关。如：2004 年 9 月，上海交通大学新闻传播信息技术学院开设《媒介素养专业》公选课；2009 年，四川师范大学开设了全校性媒介素养选修课程大众传媒通论。② 2012 年，复旦大学新闻学院开设前沿讲座——"《人民日报》研究"课程，作为新闻学院的必修课之一，率先在全国高校将《人民日报》研究课题纳入相关专业培养计划。作为对新闻人才这一需要专业媒介素养的群体而

① 张洁、徐雯：《中小学媒介素养教育的困难与原因》，《北京广播电视大学学报》，2012 年第 1 期。

② 石磊：《媒介社会中的媒介素养教育》，《四川省干部函授学院学报》，2011 年第 1 期。

言，这反映出新闻教育的全新尝试。① 大学开展的媒介素养教育，大部分是停留在理论教学层面，与媒介实践领域相结合的相对较少。诚然，从理论层面展开媒介素养教育，对于学生如何理性处理信息，面对争议性信息如何表达观点，如何应对危机信息，如何获得对自身发展有益的资源等方面能够发挥一定的作用。但是，随着媒介环境的变化发展，媒介普及程度、使用深度和辐射广度的拓展，更需要学生进入媒介实践领域去切身体会。因而，在学校教育层面除了开设针对各专业学生的媒介素养教育通识课程，增设媒介实践环节，已经显得十分必要。

（二）从国家、社会层面系统推广媒介素养教育

媒介素养进入中国已是第十六个年头，如前文所述，媒介素养教育在我国尚停留在研究以及实践的初创阶段，发展基本处于研究者呼吁、强调媒介素养教育的重要性，具体的实践也只是少数学校在推进，媒介素养还没有纳入学校教育的课程体系中。从政府层面而言，尚未有推动媒介素养教育的文件和措施出台。纵观世界其他发达国家，英国、澳大利亚、日本等国家，都从国家层面大范围地推广媒介素养教育。以英国为例，1986 年，英国教育和科学部与英国电影学院合作成立了全国初级媒介素养教育工作小组委员会（National Working Party for Primary Media Education）。1988 年，该委员会在一份名为“面向 5 岁至 11 岁学生的英语教学”的文件中明确指出，媒介素养教育“对于英语教学的传统目的和关注的问题是至关重要的”。② 2003 年，英国政府将原先掌

① 陈栋：《2012 年中国传媒十大创新报告》，人民网，2013 年 1 月 10 日，http://media.people.com.cn/n/2013/0110/c354159－20161422.html。

② 宋小卫：《学会解读大众传播（上）：国外媒介素养教育概述》，《当代传播》，2000 年第 2 期。

管通信、广播的机关与电视委员会和传播标准委员会合并为通讯局，用以管理媒体，负责确保民众在电视、广播等媒体使用上的权益。同年12月，英国国会通过《通讯法案》，明确通讯局所负责的职责：用电子媒体发行教材使大众了解电子媒体的本质与特性；通过电子媒体教材的发行，增进民众对资讯出版渠道与过程的了解；通过发行电子教材，使民众理解信息的产制；让民众有效地处理、运用所得资讯。此外，许多媒介素养教育专家倡导将媒介素养教育纳入家庭教育之中，让家长与孩子一同了解和学习媒体，并通过团体组织等方式将媒介素养教育推广至社区、教会、家庭，以走向全民的媒介素养运动。英国政府力图将媒介素养教育逐渐发展成为社会教育的一部分。① 英国围绕提高媒介素养采取的这些举措，对世界各地开展全社会、本土化的媒介素养教育和公民教育提供了宝贵经验和思路。

前文所提及的“伦敦骚乱”事件发生的原因之一就是英国社区中原有的各种青少年活动中心被关闭，社会对于青少年群体问题的重视程度不够，这在媒介素养教育方面也有所体现。国外学者认为，2010年上任的卡梅隆政权对于“媒体素养”的反应消极，在英国，正在进行中的提高媒介素养的项目被收缩甚至被削减，来自以传媒教育实践者和研究者的负面声音显著增加。②

事实上，媒介素养教育具有系统性和社会性，需要被作为一个全民性、社会性的工程长期投入人力、财力和物力，通过媒体、社区、社会

① 黄娟：《英国媒介素养教育的发展及启示》，《新闻爱好者》，2011年第20期。

② Kodaira. ISaciko：The Latest Trends in the “Media Literacy” Education in Europe ：European Policies and Broadcasters’ Efforts for the Fostering of Literacy，The NHK monthly report on broadcast research 62（4），40－57，2012－04.

组织和行业组织等多层级、多种类的教育措施，在热点和公共性事务的报道中通过新媒体渠道建立公共话语平台，形成媒体和受众的积极互动，以参与式的媒介素养教育来增强受众对媒体的直接、感性认识。

（三）在实施网络技能教育的同时，推动伦理教育

作为信息时代的重要技能之一，对新媒体技能的教育已经成为计算机信息、媒体多门学科和领域关心的问题，并朝着终身教育的方向发展。从使用时间和黏着程度来看，青少年是新媒体的“重度使用”群体，对新媒体在使用技能手法上，与其他群体相比也更为熟练。但在信息处理的有效性，面对争议性信息的态度、观点的表达、危机信息的应对和资源的获取与利用等方面，都存在这一群体特有的不足，对于青少年的媒介伦理教育和批判力的教育，是与技能教育平行，但更为长效和深入的教育领域。从目前网民的构成特点看，相当一部分是青少年，他们的可塑性非常强。在当前的学校教育中应该开展网络伦理道德教育，内容包括网络行为应该坚持社会主义原则、无害善良原则、公正原则等，使网民在互联网上能够像在现实社会中那样有基本的行为准则，把接受腐朽落后的思想观念、政治观点的可能性降到最低。

批判力和伦理观念的教育作为媒介素养的“内化”教育过程因素，与学校、媒体等的“外在”示范作用相辅相成，共同完整地构成青少年媒介素养教育体系。媒介素养教育重视批判能力的培养，与公民教育相辅相成。网络传播的特点，对于超链接范围的国外网站以及人际传播范畴的电子邮件、私人聊天室及聊天工具，法律规范尚存在一些空白，因此有必要加强互联网的伦理道德教育。

网络伦理的建设是一种“基础而长效的文化养成与控制手段，即

从网络主体内部入手，逐步确立正面的建设性的力量，以此化解和控制破坏性行为，这也是培养和树立良好‘网络人格’的切实途径。网络伦理具有明显的引导性、自觉性和广泛性，只有根据网络的特点和趋势以及人与社会全面发展的需要，不断完善网络伦理，才能有效地利用伦理手段预防和控制网络群体性事件。”① 作为信息时代的重要技能之一，新媒体使用技能的普及率日益上升，流行文化、多元价值和意识形态之中，在新媒体中，各类各样的影视剧、歌曲、国际品牌、电子游戏和软件等，承载着不同的文化价值观和意识形态，对青少年一代产生或明显、或潜移默化的影响。因此，教导他们识别、分析媒体信息，有效地选择信息，自觉抵御大众传媒的不良影响，并传播积极的言论与信息，成为媒介素养教育的时代课题。以青少年为代表的高忠诚度受众投入大量时间使用新媒体并表现出很强的操作能力。但很多舆论事件和网络暴力事件表明，在理性地、批判性地使用媒体方面，媒介素养教育还有很长的路要走。因此，在深层次上，媒介素养教育与公民意识、公共道德、社会责任感等公民教育的内容密切相关，媒介素养教育是社会化教育的重要组成部分。

（四）积极倡导公民教育，带动公民媒介素养提升

媒介素养教育在广义上是公民教育的有机组成部分。公民对待媒介的态度、思维方式，集中反映在公民参与社会、参政议政的行为中，而其在网络中的言行是公民现实言行的延伸。

在新媒体多元化的思想、价值、观念的场域中，对信息、新闻、言

① 孙静：《网络群体性事件参与者心理特点与疏导》，《中国人民公安大学学报（社会科学版）》，2010 年第 2 期。

论的获得、应对、表达和对媒体的参与，具备批判性思维并掌握媒介批评的基本能力，对于认识网络舆论来说至关重要。

我国公民对一些网络舆论事件的态度和反应，在一定程度上显现出公民素养、媒介素养的缺失。如："邓玉娇案"中网络舆论对邓玉娇的一致性同情和认同；杭州"飙车案"中对肇事者胡斌的一致谴责；"铜须门"事件中网民对当事人的网络言语和现实攻击，都含有一定的网络暴力倾向，等等。在网络世界中，这样的事例举不胜举。因此，从提升整个公民素养入手，进而带动其内涵下的媒介素养教育是长远之计。公民素养教育、媒介素养教育的最终目的，是促使公民在使用包括网络在内的大众媒介产品时的社会责任觉醒，将舆论、网络舆论引导到正确的方向，使之有利于充分保障公民的话语权。

第四节　积极发挥意见领袖的舆论引领作用

舆论引导虽然是政府主导的行为，但在网络舆论机制的构建中，必须重视意见领袖的引导作用。研究显示，Twitter 上的两万名精英用户吸引了 Twitter 近 50% 的注意力，而这两万名精英用户仅占 Twitter 用户总量的 0.05% 。① 意见领袖在公众参与的影响和公共事件的发展中起着至关重要的作用，是网络表达上升为公众议题的核心群体。尊重和鼓励各类意见领袖发挥作用，能够在关乎社会发展、公平正义、民生等焦点问题形成舆论的过程中，引导网民理性参与。

① 转引自蒲红果：《微博：团结和培养意见领袖》，《新闻战线》，2012 年第 6 期。

近年来，在中国的网络舆论事件中，以一批新闻记者为代表的意见领袖通过新媒体曝光新闻，发表见解，反映民意，对解决社会问题，表达社会正义起到了重要作用。意见领袖能够在舆论形成中起到源头作用，其原因在于微博的“病毒式”传播功能。因而，发挥意见领袖的积极引领作用，对网络舆论的传播效果有重要影响。在当下中国各类网络媒体平台上，微博以人际传播和大众传播相结合的网络媒体形式，给非官方意见领袖发挥舆论引导作用提供了强大支持，与即时通信软件、社交网站需要用户之间互加好友模式相比，微博的“关注”模式使得用户关注其他用户“门槛”消失，为意见领袖粉丝的增加和聚集提供了便捷的条件。通过信息的生产和传播、言论的发布和互动等核心功能，成为当前“意见领袖”的最大“聚集地”。新浪微博为代表的微博“加V”、辟谣机制、“实名制”，更加深了其中意见领袖的导向作用。

从信息层面来看，意见领袖应当“积极推进微博客内容建设，为网民提供更多商务类、生活类、教育类、文娱类等实用信息，丰富信息服务内容，满足人们多方面、多样化、多层次的精神文化需求。要不断增进知名博主对国情、社情、网情的了解，增强社会责任感，充分发挥在网络文化建设中的作用。”① 而对于意见的发表来说，微博的明星效应和领袖作用极为突出。以新浪微博为例，具有大量粉丝的意见领袖所产生的传播效应以及二次传播的效应能在短期内制造出巨大的传播效应，无论舆情事件是由传统媒体首发的还是由网络媒体爆出，微博的转发和评论功能让意见领袖能够积极设置议程，使得网民注意力相对集

① 王晨：《推动党政机关和领导干部积极运用微博》，2011 年 10 月 13 日，中国网，http：//news. china. com. cn/txt/2011 - 10/13/content_ 23618479. htm。

中，纷纷转发事件的相关信息或发表评论，舆论迅速扩大化，成为民意的反映。随着社交媒体功能的扩展，对多种互联网应用软件的整合，使其信息言论更为繁荣和多样化，为意见领袖发挥更大舆论影响提供了机制支持。

和普通网民相比，“意见领袖”拥有的社会资源、话语权和影响力都更大，舆论引导力也更强。因而社会责任也更多。对等的社会责任意识要求意见领袖谨慎把握舆论引导方向。2012 年十大网络事件之一——“方寒大战”本是麦田、方舟子质疑韩寒“代笔”，最终引发“韩粉”与“方粉”及大量人气“意见领袖”卷入其中，爆发口水战。大量相关、不相关的信息和言论中，人身攻击、主观情绪化的表达，制造出一场网络“闹剧”。因此，在通过实名制方式确定微博、微信公众号、短视频意见领袖身份的基础上，促使其认识到自身的社会责任，通过自身知名度与影响力，引发网络舆论理性讨论社会问题的良好风气。一方面，积极发挥其在网络传播中的重要结点作用和二次传播效能的重要方面，另一方面，规避非官方意见领袖传播虚假信息和发布不理性言论，是提高信息传播、发言发声和评论的质量的重要方面。

结语

网络舆论使得政府和传统媒体的权力被分流，网民从个人空间引入到群体表达的空间，网络舆论是网络媒介的“去中心化”特点下的先分权，再集合的群体智慧的不完全表达。

中国网络舆论在国家和社会发展中发挥了建设性作用，近年来网络舆论事件总体上呈现了对权利的呼喊和对发展的集体思考，但也具有明显的局限。

网络舆论的生成传播遵循媒介技术逻辑。理性而有效地使用技术手段，提升治理能力是未来网络舆论引导的基本理念。

从本质上来说，多元复杂的网络舆论虽不与社会舆论重合，也不能完全反映社会现实，但其映射现实、影响现实的“镜像”和“反射”作用表现得业已淋漓尽致，社会利益群体在网络舆论中的“博弈”也凸显了现阶段的社会生态。网络媒介发展已经步入移动互联和人工智能时代，网络舆论生态发生了新的变化。这两方面的变化，使得网络舆论引导更需贴近民意，遵循规律。

近年来我国对互联网的立法和对网络舆论的规制所有的法律法条都是原则性的、底线性的规定。网络舆论引导机制必须兼顾与技术、政府、道德、风俗等其他社会机制的关系。

随着当前我国的网络媒体的不断发展和社会现实的变化，网络舆论的形态将会随之嬗变。因而，和社会其他领域的机制形成和作用相类似，网络舆论引导机制的形成和作用也可能遭遇“失灵”和“进化”，网络舆论引导之难，根本上是由于这种引导牵动了多方面的社会力量和利益。技术、法律、制度、政府、媒体、公众在网络舆论引导中的作用各异，任何一种因素都无法完全实现其功能。任何一种功能性的机制在社会环境的复杂多变中的意义，无法包罗万象，难以细致精准是其常态，机制的完善应当是由原则性的规范到具体性的操作模式，并随着网络舆论和社会舆论的变化而发展的过程。因而，各要素间协同作用，积极填补现实中制度不及的空白地才更具现实性。舆论这层“社会的皮肤”，神经分布并不均匀，敏锐程度也不一致，总体而言，其感知于外又作用于内的机能，使其更常被刺痛甚至创伤；而其机能的良好实现，取决于太多其他皮肤覆盖下的肌肉、血液、骨骼——直达我们社会的心脏——整个系统的内部驱动。

参考文献

一、中文和英文专著

卢梭．社会契约论．北京：商务印书馆．2011

洛克．人类理解论．北京：商务印书馆．1981

埃德蒙·柏克．自由与传统．北京：商务印书馆．1980

刘军宁．自由与社群．上海：三联书店．1998

康荫、雷跃捷．社会主义市场经济与新闻舆论．北京：中国广播电视出版社．1995

刘建明．基础舆论学．北京：中国人民大学出版社．1988

刘建明．当代中国社会舆论形态．北京：中国人民大学出版社．1989

刘建明．当代舆论学．西安：陕西人民教育出版社．1990

刘建明．宣传舆论学大辞典．北京：经济日报出版社．1993

刘建明．舆论传播．北京：清华大学出版社．2001

刘建明. 社会舆论原理. 北京: 华夏出版社. 2002

郑保卫. 中国共产党新闻思想史. 福州: 福建人民出版社. 2004

雷跃捷、哈艳秋. 邓小平新闻宣传思想研究. 北京: 中国传媒大学出版社. 2002

马克思主义理论研究和建设工程新闻学教材编写课题组编. 新闻学概论. 北京: 高等教育出版社, 人民出版社. 2009

中共中央马克思恩格斯列宁斯大林作编译局. 马克思恩格斯文集. 北京: 人民出版社. 2009

陈力丹. 舆论学: 舆论导向研究. 北京: 中国广播电视出版社. 1999

严怡宁. 国家利益与国际舆论. 北京: 中国传媒大学出版社. 2009

邹建华. 突发事件舆论引导策略. 北京: 中共中央党校出版社. 2009

彭兰. 中国网络媒体的第一个十年. 北京: 清华大学出版社. 2005

彭兰主编. 中国新媒体传播学研究前沿. 北京: 中国人民大学出版社. 2010

韩立新等. 新闻舆论监督对象应对行为研究. 北京: 人民日报出版社. 2010

展江、白贵主编. 中国舆论监督年度报告 (2003 - 2004) (上、下). 北京: 社会科学文献出版社. 2006

袁峰等. 网络社会的政府与政治. 北京: 北京大学出版社. 2006

徐剑、蒋宏编. 中国新闻传播学高影响论文评介. 上海: 上海交通大学出版社. 2009

喻国明．中国社会舆情年度报告 2011．北京：人民日报出版社．2011

陆学艺等主编．2013 中国社会形势分析与预测．北京：社会科学文献出版社．2012

韩运荣、黄田园．我国当前社会问题舆论调控研究．北京：中国传媒大学出版社．2011

王雄．新闻舆论研究．北京：新华出版社．2002

廖永亮．舆论调控论：引导舆论与舆论引导的艺术．北京：新华出版社．2003

刘上洋．中外应对网络舆情 100 例．江西：百花洲文艺出版社．2012

余红．网络时政论坛舆论领袖研究——以强国社区“中日论坛”为例．武汉：华中科技大学出版社．2010

朱颖．新闻舆论监督与公共权力运行．上海：复旦大学出版社．2011

林语堂．中国新闻舆论史．北京：中国人民大学出版社．2008

叶皓．突发事件的舆论引导．南京：凤凰出版传媒集团，江苏人民出版社．2009

叶皓．政府新闻学案例：政府应对媒体的新方法．南京：江苏人民出版社．2007

魏永忠．公安机关舆情分析与舆论引导．北京：中国法制出版社．2011

李彪．谁在网络中呼风唤雨　网络舆情传播的动力节点和动力机制研究．北京：人民日报出版社．2011

任贤良．舆论引导艺术：领导干部如何面对媒体．北京：新华出版社．2010

丁俊杰、张树庭、李未柠．网络舆情及突发公共事件危机管理经典案例．北京：中共中央党校出版社．2010

王国华．解码网络舆情．武汉：华中科技大学出版社．2011

侯东阳．中国舆情调控的渐进与优化．广州：暨南大学出版社．2011

贺文发、李烨辉．突发事件与信息公开：危机传播中的政府、媒体与公众．北京：中国传媒大学出版社．2010

崔蕴芳．网络舆论形成机制研究．北京：中国传媒大学出版社．2012

人民网舆情监测室．网络舆情热点面对面．北京：新华出版社．2012

龙力莉编著．突发公共事件中媒体运用和舆论应对案例与启示．2010

谢耕耘主编．中国社会舆情与危机管理报告．北京：社会科学文献出版社．2012

王宏伟．舆情信息工作策略与方法．北京：中国人事出版社．2011

陆小华．新媒体观信息化生存时代的思维方式．北京：清华大学出版社．2008

胡泳．众声喧哗——网络时代的个人表达与公共讨论．桂林：广西师范大学出版社．2008

匡文波．新媒体概论．北京：中国人民大学出版社．2012

喻国明等．微博——一种新传播形态的考察影响力模型和社会性应用．北京：人民日报出版社．2011

赵莉．中国网络社群政治参与．北京：中国广播电视出版社．2011

叶皓等．正确应对网络事件政府新闻学网络案例．南京：江苏人民出版社．2009

杨继红．新媒体生存．北京：清华大学出版社．2008

中共中央组织部党建研究所．中外民意调查方式比较研究．北京：党建读物出版社．2011

王庭大．党的制度建设科学化研究．北京：党建读物出版社．2011

［美］新闻自由委员会．一个自由而负责的新闻界．北京：中国人民大学出版社．2004

［加］马歇尔·麦克卢汉、何道宽．理解媒介：论人的延伸．南京：凤凰出版传媒集团，译林出版社．2011

［法］古斯塔夫·勒庞．乌合之众：大众心理研究．武汉：武汉出版社．2012

［德］尤尔根·哈贝马斯、曹卫东、王晓珏、刘北城、宋伟杰．公共领域的结构转型．上海：学林出版社．1999

［美］赫伯特·马尔库塞．单向度的人．上海：上海世纪出版集团．2008

［美］迈克尔·塞勒、邹韬．移动浪潮：移动智能如何改变世界．北京：中信出版社．2013

［德］德特勒夫·霍斯特、鲁路．哈贝马斯．北京：中国人民大学

出版社.2010

Maxwell Mccombs. Setting the Agenda ： the Mass Media and Public Opinion. 北京：北京大学出版社.2010

Walter Lippmann：Public Opinion. Eigal Meirovich. 2010

Paul Brighton&Dennis Foy. News values. SAGE publications，2007

Noelle – Neumann Elisabeth. The Spiral of Silence：Public Opinion – Our Social Skin . University of Chicago Press. 1993

Edward L. Bernays. Crystallizing Public Opinion. Ig Publishing 2011

BiblioBazaar. Investigators to the Commission of Inquiry，the Interchurch World Movement. LLC. 2010

Robert S. Erikson & Kent L. Tedin. American Public Opinion：Its Origins，Content，and Impact（8th Edition）. Longman. 2010

Maxwell McCombs. Lance Holbert. Spiro Kiousis&Wayne Wanta . The News and Public Opinion：Media Effects on Civic Life. Polity. 2011

Harold Dwight Lasswell. Democracy Through Public Opinion . Literary Licensing，LLC . 2012

Joseph S. Nye Jr. . Soft Power：The Means To Success In World Politics. Public Affairs. 2005

Stimson James A. Tides of Consent：How Public Opinion Shapes American Politics. Cambridge University Press . 2004

Barbara A. Bardes &Robert W. Oldendick . Public Opinion：Measuring the American Mind . Wadsworth Publishing. 2002

Myers Greg. Matters of Opinion：Talking About Public Issues. Cambridge

University Press. 2008

Persily Nathaniel. Citrin Jack& Egan Patrick. Public Opinion and Constitutional Controversy. Oxford University Press. 2008

Niedermayer Oskar& Sinnott Richard. Public Opinion and Internationalized Governance. Oxford University Press. 1998

The Improvement of Society and Public Opinion Alison, Alexander Rarebooksclub. com 2012

Why Welfare States Persist: The Importance of Public Opinion in Democracies Brooks, Clem. Manza Jeff. University of Chicago Press . 2007

Herbst Susan . Reading Public Opinion: How Political Actors View the Democratic Process. University of Chicago Press. 1998

Holtz – Bacha &Christina Stromback. Opinion Polls and the Media: Reflecting and Shaping Public Opinion. Jesper Palgrave Macmillan . 2012

Heith Diane J. . Polling to Govern : Public Opinion and Presidential Leadership. Stanford Law and Politics. 2004

Holsti Ole R. . Public Opinion and American foreign policy. University of Michigan Press. 1996

（二）中文和英文论文

雷跃捷．论如何建立健全舆论引导工作格局和工作机制．现代传播（中国传媒大学学报）. 2007（02）

雷跃捷．把握舆论引导特点　提高舆论引导能力——学习胡锦涛《在人民日报社考察工作时的讲话》札记．新闻战线 . 2008（10）

雷跃捷．从汶川地震的舆论引导看如何改进常规性新闻报道．中国

广播电视学刊.2009（01）

雷跃捷．审视传媒转型中的中国新闻业——读《重建美国新闻业》的启示．新闻与传播研究.2010（02）

雷跃捷．与时俱进地发展马克思主义新闻观．新闻战线.2004（11）

雷跃捷．论如何建立健全舆论引导工作格局和工作机制．现代传播.2007（02）

雷跃捷．与时俱进地发展马克思主义新闻观．新闻战线.2004（11）

郑保卫．掌握驾驭和引导舆论的艺术　提高应对和化解舆论危机的水平．新闻记者.2005（02）

胡斯球．提高舆论引导能力　做好新闻宣传工作．党建.2008（09）

李昌祖．论加强政府网络舆论引导能力建设．上海党史与党建.2008（11）

陈君聪．提升主流媒体在文化发展新形势下的舆论引导力．新闻战线.2011（12）

陈俊．从宣传到传播的嬗变——国家电台不断提高舆论引导力的思考．中国广播电视学刊.2009（12）

王君超．“新媒体格局”下主流媒体的舆论引导策略．新闻与写作.2010（12）

梁小建．媒介融合中提升主流媒体舆论引导能力的思考．中国出版.2011（16）

张兴．与时俱进　提高主流媒体舆论引导能力．新闻窗．2008（04）

汪利娟、李晓．微博与突发公共事件的舆论引导．新闻爱好者．2011（23）

田俐．Web2.0时代舆论引导的新变化及应对策略．新闻世界．2011（08）

荣华．树立网络时代舆论引导的新观念．青年记者．2011（15）

谢耘耕、荣婷．微博舆论生成演变机制和舆论引导策略．现代传播．2011（05）

胡钰．美国电视新闻舆论引导技巧．中国广播电视学刊．2000（04）

张艳平、安平．西方发达国家有效掌控舆论宣传的启示．云南社会科学．2009（04）

张延平．加强马克思主义新闻观教育　提高舆论引导的自觉性．中国广播电视学刊．2001（04）

林础蒲．坚持无产阶级的党性原则，以正确的舆论引导人．中国广播电视学刊．2001（08）

薛国林．舆论“引导”与舆论“监督”的关系新解——马克思主义舆论观当代价值与实践发展诠释．新闻与传播研究．2009（06）

苏原平．用马克思主义新闻观提升党报舆论引导能力．新闻天地．2007（03）

吴君丽．牢固树立马克思主义新闻观不断提升党报的舆论引导力．新闻天地．2008（07）

孙佰清、董靖巍．重大公共危机网络舆情扩散监测和规律分析．哈尔滨工业大学学报（社会科学版）.2011（01）

陈虹、沈申奕．新媒体环境下的危机信息沟通机制研究．现代传播.2011（03）

底高扬．网络舆论危机的生成机制与应对策略．科技传播.2011（04）

孙燕．谣言风暴：灾难事件后的网络舆论危机现象研究．新闻与传播研究.2011（05）

International Telecommunication Union. Measuring the Information Society. 2011 Executive Summary. http：//www. itu. int/ITU – D/ict/publications/idi/.

Verstraen Hans. The Media and the Transformation of the Public. Sphere. European Journal of Communication. Vol II

Carroll J. Glynn& Eunkyung Park. Reference Groups. Opinion Intensity and Public Opinion Expression. International Journal of Public Opinion Research. Vol. g No. 3，World Association for Public Opinion Research. 1997

Casey Man Kong Lum. Perspectives on Culture ，Technology and Communication. The Media Ecology Tradition . ed. . Hamption Press. 2005

Simon Cottle . Media and the Arab Upspring of 2011. Research notes. Journalism. 2011（12）

Sean Aday. Henry Farrell，Marc Lynch，John Sides，Deen Freelon：New Media and Conflict after the Arab Spring. Peace Works. NO. 80 United States Institute of Peace. 2012（07）

Gholam Khiabany. Arab Revolutions and the Iranian Uprising: Similarities and Differences Middle East. Journal of Culture and Communication 5 (2012)

Hart Cohen. From Social Media to Social Energy (ενερ γεια): the Idea of the "social" in "social media" . Global Media Journal. Australian Edition V6. 2012

William T. Colona, Social Media and the Advancement of Amecica' s Soft Power by Public Diplomacy. UMI Dissertation Publishing

Christian Fuchs. Social Media, Riots, and Revolutions. Capital & Class V36, 2012

Tapas Ray. The "story" of Digital Excess in Revolutions of the Arab Spring. Journal of Media Practice Vol. 12 Number 2.

Wyatt Robert O. . Joohan Kim&Elihu Katz. How Feeling Free to Talk Affects Ordinary Political Conversation, Purposeful Argumentation, and Civic Participation. Journalism and Mass Communication Quarterly 77, 1 (2000)

Robbles A. C. The Internet and Democracy. Panorama. 3/2001

Miller Matthew R. . A Censored Market That Delivers. International Herald Tribune. July 21 2005

Amichai – Hamburger Yair. Personality and the Internet. The Social Net: Understanding Human Behavior in Cyberspace. Oxford University Press. 2005

Daniel Dayan. The Peculiar Public of Television. Media Culture Society. Vol. 23

（三）网络资源

《卫报》官网：http：//www. guardian. co. uk

BBC 官网：http：//www. bbc. co. uk

CNN 官网：http：//edition. cnn. com

人民网舆情监测室：http：//yuqing. people. com. cn/

新华网舆情在线：http：//www. xinhuanet. com/yuqing/